équipe nouvelle 1

livre de l'étudiant

Danièle Bourdais

Sue Finnie

Anna Lise Gordon

OXFORD
UNIVERSITY PRESS

OXFORD
UNIVERSITY PRESS

Great Clarendon Street, Oxford OX2 6DP

Oxford University Press is a department of the University of Oxford.
It furthers the University's objective of excellence in research,
scholarship, and education by publishing worldwide in

Oxford   New York

Auckland   Cape Town   Dar es Salaam   Hong Kong   Karachi
Kuala Lumpur   Madrid   Melbourne   Mexico City   Nairobi
New Delhi   Shanghai   Taipei   Toronto

With offices in

Argentina   Austria   Brazil   Chile   Czech Republic   France   Greece
Guatemala   Hungary   Italy   Japan   Poland   Portugal   Singapore
South Korea   Switzerland   Thailand   Turkey   Ukraine   Vietnam

Oxford is a registered trade mark of Oxford University Press
in the UK and in certain other countries

British Library Cataloguing in Publication Data

Data available

ISBN-13: 978 0 19 912449 7

20 19 18 17 16 15 14 13

Typeset in Formata and Utopia by Wild Apple Design Ltd

Printed in Singapore by KHL Printing Co Pte Ltd

Acknowledgements

The publishers would like to thank the following for permission to
reproduce photographs: p.6 1 & a Paul Seheult; Eye Ubiquitous/Corbis UK
Ltd.; 2 & c Peter Turnley/Corbis UK Ltd.; 3 & b Dave G. Houser/Corbis UK
Ltd.; 4 & e Penny Tweedie/Corbis UK Ltd.; 5 & d Christine
Osborne/Worldwide Picture Library/Alamy; p.8 1 Hutchison Picture
Library; 2 b l & p.15 Stephane Reix/Photo and Co/Corbis UK Ltd.; 3 Michel
de Vries/Renault UK Ltd.; p.9 4 DAVE ALLOCCA/Rex Features; 5
Futuroscope; 6 Hulton|Archive/Getty Images; 10 Corbis UK Ltd.; p.21 FEB
French Tourist Office; JAN & MAR The Image Bank/Getty Images; MAY &
NOV Rex Features; p.30 a Ronnie Kaufman/Corbis UK Ltd.; b
Photoalto/Oxford University Press; c Jose Luis Pelaez, Inc./Corbis UK Ltd.;
p.42 & p.103 top Objectif Photos; p.58 e J. Allan Cash Photo Library; f
Corbis UK Ltd.; p.61 & p.139 2 MARKOW TATIANA SYGMA/Corbis UK Ltd.;
3 Lawrence Manning/Corbis UK Ltd.; 4 France Keyser/In Visu/Corbis UK
Ltd.; 5 Lawrence Manning/Corbis UK Ltd.; 6 Kim Kulish/Corbis UK Ltd.; 9
(p.61) & 8 (p.139) Tom Stewart/Corbis UK Ltd.; p.73 1 & p.86 top Eric
James/Alamy; p. 73 4 & p.86 centre Graham Kirk/Anthony Blake Photo
Library; p. 73 6 foodfolio/Alamy; p.79 top right & p. 86 bottom Graham
Kirk/Anthony Blake Photo Library; p.83 left & p. 86 bottom Richard
Cummins/Corbis UK Ltd.; p.88 centre left James Hawkins/Alamy; left Rob
Lewine/Corbis UK Ltd.; bottom right Objectif Photos; right Helen
Norman/Corbis UK Ltd.; 1 Travel Ink; 2 & 3 Still Pictures; 4 Adam
Woolfitt/Corbis UK Ltd.; p.90 left C.B.P./Corbis UK Ltd.; centre right Jose
Luis Pelaez, Inc./Corbis UK Ltd.; right Paul Barton/Corbis UK Ltd.; centre
Wartenberg/Picture Press/Corbis UK Ltd.; p.93 top left Canadian Tourist
Office; bottom left Still Pictures; p.96 3, 4 etc., 10, & p. 99 Ikea p.98 left
Catherine Karnow/Corbis UK Ltd.; p.103 bottom Sipa Press/Rex Features;
p.106 b Rob Lewine/Corbis UK Ltd.; p.110 Rex Features; p.115 A & C
Canadian Tourist Office; C Swiss National Tourist Office; D Portsmouth
City Council; p.117 David Turnley/Corbis UK Ltd.; p.119 Archivo
Iconografico, S.A./Corbis UK Ltd; p.126 top right & p.127 top right, covers
reproduced by kind permission of Gallimard Jeunesse: couvertures
illustrées par Jean-Claude Götting; Harry Potter, names, characters and
related indicia are copyright and trademark Warner Bros (C) 2000.
All other photography OUP.

The screenshot on pages 61 and 139 is taken from the website of GIE
Maison de la France, www.franceguide.com.

Photo story shot on location in Dieppe, with grateful thanks to Geneviève
Tavernier, Charlotte Tavernier, Thibaut Renou, Elsa Desmarets, Guillaume
Descombes, Monsieur Lebey, and students and staff at the Lycée Jehan
Ango, Dieppe. Martin Sookias was the photographer.

The illustrations are by Martin Aston, Barking Dog Art, Stefan Chabluk,
Stephen Crabtree, Matt Fenn and Wild Apple Design Ltd.

The authors would like to thank the following people for their help and
advice: Rachel Sauvain (project manager), Katie Lewis (editor of
the Students' Book), David Buckland (course consultant), Rebecca Crabtree
(designer), Marie-Thérèse Bougard (language consultant), Steve Harrison,
Anna Jones, Morag McCrorie, Sarah Wullink (teacher readers).

The publishers and authors would also like to thank Marie-Thérèse
Bougard and Simon Humphries (sound production); Laurent Dury for
music composition; and M. le comte for access to the Château de
Miromesnil (near Dieppe: telephone +2 35 85 02 80 to arrange visits,
or contact Dieppe tourist office).

Every effort has been made to contact copyright holders of material reproduced in this book. Any omissions will be rectified in subsequent printings if
notice is given to the publisher.

Table des matières

Départ!

ÉCOUTER 1 Regarde. Écoute. C'est quelle photo?
Look and listen. Which photo does each sound clip correspond to?

ÉCOUTER 2 Écoute. Répète la bonne réponse.
Listen and repeat the correct answer.
Exemple 1: C'est en … anglais.

anglais   *chinois*   *hindi*

arabe   *français*   *italien*

PARLER 3 Regarde les textes a–f. C'est quelle langue?
Look at each text and say what language it is.

ÉCOUTER 4a Écoute. C'est en anglais ou en français?
Listen. Is it English or French?

ÉCOUTER PARLER 4b Réécoute et répète le français.
Listen again and repeat the French.

5 Discute la carte en anglais.
Discuss the map in English.
Which places have you heard
of? Which countries are
French-speaking?

6a Trouve la bonne phrase pour
chaque personne.
Find the matching sentence for
each person.

Marie	F
Angelo	I
Peter	GB
Ulrich	D
Anya	B
Paul	L
Suzanna	CH
Marco	E

Je parle allemand.
Je parle espagnol.
Je parle français.
Je parle italien.
Je parle français et allemand.
Je parle français.
Je parle anglais.
Je parle français et flamand.

6b Écoute et vérifie.
Listen to check.

6c Ton/Ta partenaire dit un nom.
Tu dis la langue.
Your partner names a person,
you say the language(s).
Exemple A: Marie.
B: Je parle français.

6d Et toi, tu parles quelle(s)
langue(s)?
What language(s) do you
speak?

■ ■ **Expressions-clés** ■ ■ ■ ■ ■ ■ ■

Je parle … anglais
français
hindi
arabe … etc.

Guide pratique

Mots-clés and Expressions-clés

The *Mots-clés* and *Expressions-clés* are key words
and phrases to help you speak French. They appear
on most pages of the Students' Book.

1 For activity 6c, look at the *Expressions-clés*.
Choose **je parle** from the left-hand column and
the appropriate language(s) from the right-hand
column.

2 Now try this with activity 6d.

Mini-test

1 Qu'est-ce que c'est?
  a C'est **la tour** Eiffel.
  b C'est **l'arche** de la Défense.

2 C'est qui?
  a C'est **l'acteur** Jean-Claude Van Damme.
  b C'est **le footballeur** Thierry Henry.

3 Qu'est-ce que c'est?
  a C'est **une voiture** Renault.
  b C'est **une voiture** Peugeot.

4 C'est qui?
  a C'est Céline Dion, **une chanteuse** canadienn[e]
  b C'est Audrey Tautou, **une actrice** française.

5 Qu'est-ce que c'est?
  a C'est **le parc Disneyland**, à Paris.
  b C'est **le Futuroscope**, à Poitiers.

6 C'est qui?
  a C'est **la chimiste** Marie Curie.
  b C'est **la chanteuse** Edith Piaf.

7 Qu'est-ce que c'est?
  a C'est **un café**.
  b C'est **un magasin**.

8 C'est qui?
  a C'est **un docteur**.
  b C'est **un agent de police**.

9 Qu'est-ce que c'est?
  a C'est **un gâteau**.
  b C'est **une crêpe**.

10 C'est qui?
  a C'est **le général** de Gaulle.
  b C'est **l'empereur** Napoléon Bonaparte.

1 Écoute et rappe!
Listen and join in the number rap!

2 Regarde les photos.
Discuss what you can see in the photos.

3a Lis. Choisis a ou b.
Read and choose the correct answer.

3b Écoute et vérifie.
Listen and check.

4 Ça veut dire quoi?
Give the English meaning of the following.
  a Qu'est-ce que c'est?
  b C'est qui?
  c C'est …

Guide pratique

Keeping a record of vocabulary

Golden rules!
A Write clearly.
B Copy the word accurately.
C For nouns, note the gender.
D Write the English meaning at the side.

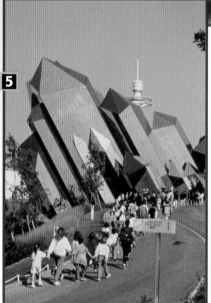

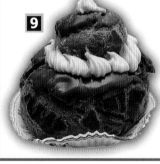

ZOOm grammaire: *gender*

1 Look at the quiz. Find the nouns. What do you notice about them?

- Nouns have been colour-coded here as there are two genders in French: **blue** for **masculine** words and **red** for **feminine** words.
- You can often tell if a word is masculine or feminine by the word (article) that goes immediately before the noun.

un/une = a (an)
le/la = the

It is very important to learn the gender of a noun at the same time as the noun itself.

2 Find an example of each article in the quiz.

3 Why do you think **l'** is sometimes used instead of **le** or **la** as in **l'arche** and **l'empereur**?

➡ 129

1 Bonjour! Asseyez-vous.

2 Ouvrez vos livres.

3 C'est quelle page?

4 Prenez vos cahiers. Faites l'activité 2.

5 J'ai oublié mon cahier!

6 Vous comprenez?

7 Oui, j'ai fini.

8 Non. Je ne comprends pas

9 Rangez vos affaires!

Monsieur! Monsieur!

10 Au revoir!

Monsieur! Monsieur!

1a Écoute et lis la BD. Tu comprends?
Listen and read the cartoon. Which phrases
can you guess the meaning of?
Exemple Bonjour = Hello

 1b Relie l'anglais au français.
Match the English to the French.

a Do you understand?

b Hello. Sit down.

c Pack your things away.

d What page is it on?

e Yes, I've finished.

f Take out your exercise books. Do activity 2.

g Goodbye.

h No, I don't understand.

i I've forgotten my exercise book.

j Open your books.

1c Écris: les phrases du professeur, les phrases
des élèves, les deux.
Write down the phrases that can be said by
a teacher, pupils and both.

Guide pratique

Communicating in French

- Understanding instructions in French

1 Listen and mime the instructions you hear.

2 Listen and reply only when needed. What do you
notice about the intonation (the way the voice
goes up and down)?

3 What is the best way to remember instructions?
Number these suggestions according to how
helpful you think they will be. Any other ideas?
  a listen and mime
  b write them down (back of exercise book)
  c read them often

- Speaking French spontaneously

4 Why do you think it is important to speak as
much French as possible in class (or in France
when you get there)? Number these in order of
importance for you and add any other reasons.
  a it gets you using what you learn
  b it's fun
  c it's a nice way to make friends with people
  d you learn more quickly
  e it gets you what you want!
  f it's polite

5 How much can you already say in French?
Can you for instance …?
  a ask who someone is
  b introduce someone
  c ask what something is
  d say what something is
  e say what language something is in
  f say what language you speak

What else can you say?

6 Look at the bubbles on the left. Can you say the
French without looking at page 10?

Bienvenue à Équipe nouvelle 1!

Symbols and headings you'll find in the book: what do they mean?

 a listening activity

 a speaking activity

 a reading activity

 a writing activity

○ an activity to be done in English

Étape activities to practise the language of each unit

Vocabulaire unit vocabulary lists

Podium bilingual unit checklists

Révisions activities to revise the language of the previous two units

Encore reinforcement activities

En plus extension activities

Point lecture reading pages

Grammaire grammar reference

Glossaire bilingual glossary of language used in the Students' Book

À vos marques
a starter activity

■ ■**Expressions-clés** ■ ■ ■ ■ ■ ■ ■ ■ ■ ■ ■ ■
■ useful expressions

■ ■**Mots-clés** ■ ■ ■ ■ ■ ■ ■ ■ ■ ■ ■ ■ ■ ■ ■
■ useful words

ZOOm grammaire:
an explanation of how French works

➡ 000 refer to this page in the grammar section at the back of the book

Guide pratique
strategies to help you learn

Ça se dit comme ça!
pronunciation practice

 some or all items in the box are recorded

 cultural information

Challenge!
plenary activities at three levels

1 Do this with a partner. How quickly can you find an example of the section which:
a helps you pronounce French
b helps you learn more efficiently
c gives you information on France
d explains how French works
e allows you to check your performance

2 How quickly can you find the start of the …
a reading pages
b *Encore* pages
c Grammar section
d French–English glossary

3a Match the English to the French.

3b Find an example of each in this book.
1	*Regarde*	a	Listen
2	*Écoute*	b	Speak
3	*Répète*	c	Check
4	*Trouve*	d	Write
5	*Vérifie*	e	Read
6	*Lis*	f	Find
7	*Écris*	g	Match
8	*Dis*	h	Look
9	*Parle*	i	Repeat
10	*Relie*	j	Say

1 Bienvenue!

- **Contexts**: self, numbers and pets
- **Grammar**: prepositions with places; *je/j'* and *tu* + verb; gender; plurals
- **Language learning**: memorizing language; questions; understanding a text
- **Pronunciation**: alphabet; vowel sounds
- **Cultural focus**: greetings; main French towns

LIRE 1a Lis les noms (à droite). C'est un garçon ou une fille?
Read the names (on the right). Is it a boy or a girl?

ÉCOUTER 1b Écoute et vérifie.
Listen and check.

PARLER 1c Répète les noms. C'est quoi, en anglais?
Repeat the names. Do they have an
English equivalent?
Exemple Émilie = Emily

ARMAND Julien
BENBETKA Rachid
BERTHOLDI Nicolas
CUSUMANO Sylvia
DUMAS Martin
FRANCHET Émilie
HASTIÉ Jean-Luc
LEHMANN Lise-Marie
MATHEBULA Fatimanta
MARTINEZ Amélie
MOSCOVICS François
POIRET Laurence

ÉCOUTER 2 Écoute et relie les noms aux photos.
Listen and match names to photos.

a *Arnaud Darriet*
b *Matthieu Brière*
c *Natacha Delanoé*
d *Juliette Frontelli*

1

2

3

4

1.1 Juliette arrive à Dieppe

- Greetings: say hello, goodbye, how are you?
- Introduce yourself
- Understand the French alphabet

À vos marques

Regarde les photos. C'est en France. Pourquoi?
Look at the photos. How can you tell that this is France?

1

> Salut, Natacha! Ça va?

> Salut! Ça va. Et toi?

> Salut!

2

> Au revoir, monsieur.

> Au revoir, mademoiselle.

3

> Bonjour! Tu t'appelles comment? Moi, c'est Arnaud.

> Bonjour! Je m'appelle Juliette.

> Salut! Moi, je m'appelle Matthieu.

> Salut. Moi, c'est Natacha.

 1 **Écoute et lis.**
Listen and read.

 2 **Écoute. C'est qui?**
Listen. Who's speaking?
Exemple Le numéro 1, c'est Juliette.

 3 **Écoute et réponds.**
Listen and answer.

> Salut! Tu t'appelles comment?

> Salut! Je m'appelle Ben Davies.

4a Écris la bulle de ta star préférée.
Copy and fill in a bubble for your favourite celebrity.

Bonjour. Ça va? Je m'appelle Thierry Henry. Au revoir!

4b Invente une conversation. Utilise au moins deux Expressions-clés.
Invent a conversation. Use at least two of the key phrases.
Exemple A: Bonjour. Je m'appelle Zinedine Zidane. Ça va?
B: Ça va! Moi, je m'appelle Michael Owen.

Ça se dit comme ça!

The French alphabet

A B C D E F G H I J K L M N O P Q R S T U V W X Y Z

1 Listen and repeat the letters that are similar in English and French.

2 Listen and repeat. What do you notice about each set of letters?
(a h k) (b c d g p t v) (f l m n r s z) (q u) (i j x y) (e) (o) (w)

3 Listen and note down the names.

4 Listen and sing along to the Alphabet song!

■■**Expressions-clés**■■■■■■■
Bonjour!
Salut!
Au revoir!
Ça va?
Ça va.
Et toi?
Tu t'appelles comment?
Je m'appelle …
Moi, je m'appelle …
Moi, c'est …

Point culture

Meeting people in France

Friends and people who know each other well kiss on both cheeks and say: – **Salut! Ça va?**
– **Ça va. Et toi?**

People who don't know each other so well shake hands and say: – **Bonjour.**

and often add **monsieur** (to a man, meaning both Mr and Sir)
madame (to a woman, meaning Mrs and Madam)
mademoiselle (to a girl or a young woman, meaning Miss)

1 How would you greet **a** Your penfriend? **b** His mum? **c** His younger sister? **d** A shopkeeper?

Challenge!

A Recopie et complète les bulles.
Copy and fill in the bubbles.

*B*nj**r! Ç* v*? T* t'*pp*ll*s c*mm*nt?*

*S*l*t! J* m'*pp*ll* Charlie le chat.*

B Invente une conversation avec *toutes* les Expressions-clés.
Write a conversation using all the new language.

C Présente-toi et essaie d'épeler ton nom.
Introduce yourself to a partner and have a go at spelling your name.

1.2 Tu habites où?

- Spell words
- Find places on a map of France
- Talk about where people live

À vos marques

a Regarde la carte. Écoute et trouve les villes.
Look at the map. Listen and find the towns on the map.

b Réécoute et répète.
Listen again and repeat the names.

c Écoute le professeur et écris les lettres. C'est quelle ville?
Listen to your teacher and note down the letters. Which town is it?

PARLER 1 A épelle le nom d'une ville. B dit la ville.
A spells the name of a town. B works out which one.

Exemple A: R-E-N-N-E-S.
    B: C'est Rennes!

ÉCOUTER LIRE 2 Écoute et lis la conversation à droite.
Listen and read the conversation on the right.

ÉCOUTER 3a Écoute et relie.
Listen and match.

Exemple 1E

1 Philippe	**A** Paris
2 Anne	**B** Lyon
3 Daniel	**C** Marseille
4 Lucie	**D** Lille
5 Marc	**E** Bordeaux
6 Stéphanie	**F** Toulouse

PARLER 3b A dit la ville, B devine qui c'est.
A chooses an identity. B works it out by asking questions.

Exemple B: Tu habites où?
    A: J'habite à Paris.
    B: Tu t'appelles Daniel?
    A: Oui!

Natacha:	Tu habites où, Juliette?
Juliette:	Cette année, j'habite à Dieppe, avec ma grand-mère.
Natacha:	Tu habites ici, rue des Lilas?
Juliette:	Oui. Et toi?
Natacha:	J'habite ici, rue des Lilas!
Arnaud:	Moi aussi! J'habite rue des Lilas.
Matthieu:	Moi aussi! Bienvenue à Dieppe! À bientôt!
Juliette:	Au revoir! À bientôt!

ZOOm grammaire: à

● To say what town you live in, you use the preposition "in" in English.

> I live <u>in</u> London.

1 Look at the dialogue on p.16. Which preposition do you use in French?

● To say what street you live in, you use "in" in English.

> I live <u>in</u> Sesame Street.

2 Look at the dialogue on p.16. Do you need a preposition in French? ➡ 132

4 Écris ton nom, ta ville et ta rue. Échange avec un(e) partenaire.

Write down your name and where you live (town and street). Swap with a partner.

Ça se dit comme ça!

Vowel sounds ①

1 Listen to the song. Repeat the vowel sounds when you hear them.

● Vowel sounds are much shorter in French than in English.

2 Listen. Which is French, the first or second word?

 face café fête pie Bordeaux venue

● The same sound can be spelt differently.

3 Say these words and listen to check.

a	à là ch**a**t M**a**d**a**me Dum**a**s
e	l**e** Monsi**eu**r Matthi**eu**
i	j'hab**i**te Par**i**s Charl**i**e Anton**y**
o	Arn**au**d gât**ea**u P**au**
u	sal**u**t bienven**ue** t**u** Fréj**u**s
ou	**où** T**ou**l**ou**se

Expressions-clés

Tu habites où?
J'habite à Dieppe.
J'habite *rue des Lilas*.
Moi aussi!
À bientôt!

Point culture

French towns

Paris is the capital of France and its largest city with over 10 million people. Then come Lyons, Marseilles and Lille with over a million each. There are about 50 other large towns with populations of over 100,000.

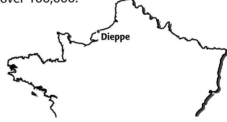

Dieppe is a port in Northern France. About 35,000 people live there.

1 How does the size of Paris compare with London?

2 Compare the populations of other large towns in Great Britain and France.

Challenge!

A Recopie et complète la bulle.
Copy and fill in the bubble.

> Je *** Charlie.
> J'*** rue des Rats,
> *** Chatville.

B Épelle ton nom et ta ville.
Spell out your name and where you live.

C Lis à haute voix!
Work out how to say this tongue-twister!

Si ma tatie tatoue ta tatie, ta tatie sera tatouée.

- Count to 31
- Practise reading aloud French words
- Learn techniques to memorize words and sounds

À vos marques

a Compte jusqu'à 10 sur tes doigts.
Count to 10 on your fingers.

b Additionne pour faire 10.
Do number bonds to 10!
Exemple   Élève 1: Six.
          Élève 2: Quatre!

 Écoute et continue!
Listen and say the next number.
Exemple   Un, deux ... = un, deux, trois

■ Mots-clés ■

zéro	un	deux	trois	quatre	cinq
six		huit			dix
	sept			neuf	

■ Mots-clés ■

TOUR DE FRANCE					
Départ	onze	douze	treize	quatorze	quinze
vingt et un	vingt	dix-neuf	dix-huit	dix-sept	seize
vingt-deux	vingt-trois	vingt-quatre	vingt-cinq	vingt-six	vingt-sept
Arrivée	trente-deux	trente et un	trente	vingt-neuf	vingt-huit

 Regarde "Tour de France" et écoute.
Look at the "Tour de France" and listen.

 Réécoute et répète.
Listen again and repeat.

 Choisis 10 coureurs et écoute. Ils sont à l'arrivée?
Choose 10 cyclists and listen. Do they all reach the finish line?

 Joue au "Tour de France" avec un dé. Le but: arriver le premier/la première.
Play "Tour de France" with a die. The aim is to reach the finish line first.

Exemple

4 ... alors 1, 2, 3 ,4. C'est quatorze.

5 Recopie et complète.
Copy out and do the sums.

a cinq × trois =
b seize + six =
c dix-neuf – quatre =
d vingt-deux ÷ deux =
e quinze – sept =
f vingt et un + dix =

Ça se dit comme ça!

Vowel sounds ②

1 Look at the numbers on page 18. Which sounds have you already met on page 17?

2a Numbers contain many different vowel sound combinations. Listen and repeat.

2b Copy these numbers and circle them when you hear them.

zéro   un   deux   trois   cinq   huit   neuf
onze   douze   seize   trente   trente et un

3 Try saying these words. Listen to check.

zéro héros   un parfum   deux feux

trois rois   cinq pains   huit truies

neuf veufs   onze bonzes   douze blouses

treize fraises   trente tantes

vingt et un et trente et un

4 Look back at pages 14–17. Find examples of words with the sounds highlighted in activity 2b.

Guide pratique

Learning new words ①

To learn a language successfully, you need to develop techniques for remembering words.
It is important to learn how a word *sounds* as well as how it is *spelt*. If you do these things, you will be able to use the word *for yourself* when *you* need to.
Try the following to help you learn numbers 11–31.

● Look for patterns.
1 Group the numbers: those finishing in -**ze**, **et un** or those made up of sums.
e.g. **on**ze …; **vingt** et un, …; **dix-sept**, …

● Make visual associations.
2 Think up some images for numbers 11–20.
e.g. **quinze**

● Fix the sounds of words in your mind.
3 Make up a number rhyme/rap or sing the numbers to a well-known tune.
e.g. The start of *Twinkle Twinkle Little Star*:
11, 12, 13 … 20.

● Use the "look, say, cover, write, check" system.
4 Try out these techniques with numbers and *Expressions-clés*. What works best for you? Do you have techniques of your own?

Challenge!

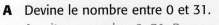

A Devine le nombre entre 0 et 31.
A writes a number 0–31. B guesses it.

C'est neuf!

Oui! Bravo!

B A dit un nombre (0–31) en anglais. B et C disent le nombre en français. Qui gagne? Changez de rôles.
A says a number 0–31 in English. B and C say it in French. Who's the quickest? Swap roles.

C C'est quoi, les nombres entre 31 et 39?
From what you already know, can you work out how to write the numbers 31–39 in French?

1.4 Tu as quel âge?

- Say months and seasons
- Give age and birthday
- Form simple questions

unonzetreizevingt-sixdeuxdouzetrent-teetunquinzequatreneuf

À vos marques

Trouve 10 nombres. Écris-les dans l'ordre.
Find 10 numbers in the snake and write them out in order.

Mots-clés

Les mois de l'année

janvier

février

mars

avril

mai

juin

juillet

août

LIRE 1a PARLER Regarde les mois. Ça se dit comment?
Look at the months. Can you work out how to say them?

septembre

octobre

ÉCOUTER 1b Écoute et vérifie!
Listen and check. Which months sound different to the way they look?

PARLER 2a ÉCRIRE Fais quatre listes:
printemps, été, automne, hiver.
List the months in seasons.

ÉCOUTER 2b Écoute et vérifie.
Listen and check.

novembre

décembre

3a Écoute et lis la conversation à droite.
Listen and read the conversation on the right.

 3b Réponds aux questions.
Answer the questions.

    a How old is Juliette? And Arnaud?

    b When is Juliette's birthday?

    c When is Arnaud's birthday?

 3c Jouez les rôles de Juliette et Arnaud.
Read aloud the dialogue with a partner.

Le 3 septembre: Arnaud et Juliette discutent.

Arnaud: Tu as quel âge, Juliette?

Juliette: J'ai quinze ans. Et toi?

Arnaud: Moi aussi. C'est quand, ton anniversaire?

Juliette: C'est le 25 février. Et toi?

Arnaud: Mon anniversaire, c'est le 3 septembre.

Juliette: C'est aujourd'hui! Bon anniversaire!

Arnaud: Merci!

ZOOm grammaire: je/tu + verb

1 Translate these sentences into English.

    a Je m'appelle Juliette.   **e** Tu t'appelles comment?

    b J'ai 13 ans.

    c J'habite à Dieppe.   **f** Tu habites où?

    d Tu as quel âge?

2 What are **je** and **j'**? Why is there a difference?

3 What do you notice about the verb with **je** and the verb with **tu**?   ➡ 135

 4 À cinq. Qui est le plus proche de toi en âge? Utilise les *Expressions-clés*.
In groups of five, find out who is closest to you in age. Use *Expressions-clés*.

■■ Expressions-clés ■■■■■■■■■■■■■■■■■

Tu as quel âge?

J'ai *onze* ans.

C'est quand, ton anniversaire?

(Mon anniversaire,) c'est le premier juillet/le trois mai.

Et toi?

Moi aussi!

Challenge!

A Recopie et complète la conversation.
Copy and fill in the conversation.

Tu *** quel âge?

*** 15 ans.

C'est ***, ton anniversaire?

*** anniversaire, *** le 3 mai.

Guide pratique

Recognizing and asking questions

1 Listen. Which is the question, the first or second sentence? What do you notice about the intonation of a question?
Does it go up ⟋ or down ⟍?

2 Which of these words are typical question words?

quel   au revoir   salut   comment

mars   quand   printemps   où

3 Write the questions that would get these replies. Think what you need to do: use a question mark, use a question word or turn **je** into **tu**.

    a Je m'appelle Matthieu.

    b J'ai 14 ans.

    c J'habite à Dieppe.

    d Mon anniversaire, c'est le 31 janvier.

B Adapte la conversation pour toi et un(e) partenaire. Attention à l'intonation!
Adapt the conversation to speak about yourself and a partner. Use correct intonation!

C Invente et joue l'interview de ta star préférée en cinq questions!
Write an interview with your favourite star in five questions and act it out!

1.5 Un chien et deux chats

- Talk about pets
- Use clues to understand a text
- Learn about gender in French
- Learn how to form plurals in French

À vos marques

Trouve l'intrus et dis pourquoi!
Which is the odd-one-out? Why?

a mars printemps juin octobre

b Nice Dieppe hamster Paris

c janvier février été hiver

Dieppe, le 7 septembre

Cher Ryan
Salut! Je m'appelle Natacha Delanoé. Je suis ta nouvelle correspondante!
J'ai quatorze ans et j'habite à Dieppe. Mon anniversaire, c'est le 8 mai.
J'adore les animaux. **J'ai un chien**, Diabolo. J'ai aussi deux chats, Tigri et Minet. Voici des photos. Et toi, tu as un animal chez toi?
J'ai un frère, Stéphane, et une sœur, Inès.

J'ai un chien, Diabolo.

J'ai deux chats, Tigri et Minet.

■■ Expressions-clés ■■■■■

Tu as un animal (chez toi)?
Oui, j'ai un chat/une tortue.
J'ai deux chats/deux tortues.
Non, je n'ai pas d'animal.

Guide pratique

Understanding a text: use the clues!

A What sort of text is it? An extract from a book? A letter? A poem? An advert?

B What is the context? What is it likely to be about? Are there any visual clues?

C How much do you understand at first sight? What words or phrases do you already know?

D How much can you work out? Any cognates (words that look like English words)? Does the layout help (intro, paragraphs, etc.)?

E Which words do you need to check in a glossary?

1a Lis le texte. C'est quoi? Regarde Guide pratique.
Read the text. Look at *Guide pratique* to help you work out what sort of text it is.

1b Écoute et lis.
Listen and read.

1c Natacha donne quelles informations (au moins six)?
Give six details about Natacha.

1d Traduis en anglais les phrases en caractères gras.
Translate the phrases in **bold** into English. What do you notice?

2a Écoute le sondage. Note les personnes (1–8) et les animaux (a–k).
Listen to the survey and match the people and animals.
Exemple **1** = e

2b Réécoute. Quel est l'animal favori? Quel animal n'est pas mentionné?
Listen again. What is the most popular pet? Which one isn't mentioned?

3a Sondage: les animaux de compagnie.
Do a class survey about pets.

> Tu as un animal chez toi?

3b Note les résultats.
Write down the results.
Exemple   Lee: J'ai un chat et deux lapins.

▪▪Mots-clés ▪▪▪▪▪▪▪▪▪▪▪▪▪▪▪▪
Les animaux

un cochon d'Inde **a**
un cheval **b**
une perruche **c**
un lapin **d**
un chien **e**
une tortue **f**
une souris **g**
un hamster **h**
un chat **i**
un serpent **j**
un poisson rouge **k**

ZOOm grammaire: *masculine, feminine and plurals*

● In French all nouns have a gender:
le/un = masculine, **la/une** = feminine.
It's a cat.   **C'est un chat.**
It's a tortoise.   **C'est une tortue.**

1 Listen and say if each word is feminine or masculine.
a café **b** sport **c** soupe **d** cassette
e radio **f** hamburger **g** village **h** télévision
i fruit **j** omelette

2 What happens to words when they're in the plural in English and French?
le chat the cat   **une tortue** a tortoise
les chats cats   **des tortues** tortoises

3 Listen. Is it plural [P] or singular [S]?
Example un serpent [S]   deux serpents [P]

● The regular plural **-s** is silent, but irregular plurals sound different.
un animal/des animaux
un cheval/des chevaux   ➡ 129

Challenge!

A Recopie et complète la bulle.
Copy and complete the bubble.

> *** des animaux:
> *** deux
> *** et un ***!

B Joue à "Vrai ou Faux".
Play "Call my Bluff".
Exemple   A: J'ai quatre chiens.
           B: C'est vrai!
           A: Non! C'est faux. J'ai trois chiens.

C Comment dire que tu as ça chez toi?
How would you say to someone that you have the following?
| deux rats | | sept moutons |
| quatre poules | | trois canaris |

Étape

Refrain
Tu as un animal?
Un animal? Un animal?
Tu as un animal chez toi?

1
Oui, j'ai <u>un chat</u>,
Un chat, un chat, un chat.
Oui, j'ai un chat chez moi.
Refrain

2
Oui, j'ai <u>un chien</u>,
Un chien, un chien, un chien.
Oui, j'ai un chien chez moi.
Refrain

3
Oui, j'ai <u>des rats</u>,
Des rats, des rats, des rats.
Oui, j'ai des rats chez moi.

4
Je n'ai pas d'animal,
Oh, non! Je n'ai pas d'animal.
J'ai seulement un frère chez moi.

1a Écoute la chanson "Tu as un animal?"
Listen to the song.

1b Trouve un dessin par couplet.
Match pictures a–d to each verse.

1c Écoute et chante!
Listen and sing!

1d Invente d'autres couplets.
Invent new verses.
Exemple Oui, j'ai un éléphant/des poissons rouges

le frère = brother

2 Écris une lettre pour te présenter. Donne six informations sur toi.
Write a letter to introduce yourself, including six details about yourself. Copy out the writing frame and fill in the missing information.

Bonjour! Ça va?
Je m'appelle ***.
J'ai *** ans.
Tu as quel âge?
Mon anniversaire, c'est le ***.
C'est quand ton anniversaire?
J'habite ***, à ***.
J'ai *** chez moi.
Et toi, tu as un animal?
Écris-moi vite!

1 Vocabulaire

Les présentations	Introductions
Salut!	Hi!
Bonjour	Hello
Au revoir	Goodbye
À bientôt	See you soon
Monsieur	Sir (Mr)
Madame	Madam (Mrs)
Mademoiselle	Miss
Ça va?	How are you?
Ça va.	I'm fine.
Et toi?	What about you?
Moi aussi.	Me too.
Tu t'appelles comment?	What's your name?
Je m'appelle …	My name is …
Moi, c'est …	I am …
Tu habites où?	Where do you live?
J'habite à …	I live in (town)

Les animaux	Animals
Tu as un animal (chez toi)?	Have you got any pets (at home)?
Non, je n'ai pas d'animal.	No, I haven't got any pets.
Oui, j'ai …	Yes, I've got …
un chat	a cat
un cheval	a horse
un chien	a dog
un cochon d'Inde	a guinea pig
un hamster	a hamster
un lapin	a rabbit
une perruche	a budgie
un poisson (rouge)	a (gold)fish
un serpent	a snake
une souris	a mouse
une tortue	a tortoise

Les anniversaires	Birthdays		
Tu as quel âge?	How old are you?	janvier	January
J'ai douze ans.	I'm 12.	février	February
C'est quand, ton anniversaire?	When's your birthday?	mars	March
(Mon anniversaire), c'est le …	My birthday's on …	avril	April
le premier	the first	mai	May
le deux, trois, quatre …	the second, third, fourth …	juin	June
Bon anniversaire!	Happy birthday!	juillet	July
le printemps	spring	août	August
l'été	summer	septembre	September
l'automne	autumn	octobre	October
l'hiver	winter	novembre	November
		décembre	December

1 Podium

I know how to:

- say hello, goodbye, how are you? in French:
  Bonjour, au revoir, salut! Ça va? Ça va.
- introduce myself: Tu t'appelles comment? Je m'appelle …
- talk about where people live: Tu habites où? J'habite à …
- count to 31
- say the months and seasons: janvier, février, etc; printemps, été, automne, hiver
- give my age and say when my birthday is:
  J'ai … ans. Mon anniversaire, c'est le …
- talk about pets:
  Tu as un animal? J'ai un/une …/Je n'ai pas d'animal.
- use the pronouns je/j' and tu correctly
- learn the gender of a noun at the same time as the spelling and pronunciation
- form plurals in French:
  un chat → des chats; un cheval → des chevaux
- use different techniques to memorize words and sounds
- form simple questions
- use language, layout and context to understand a simple text
- recite the French alphabet
- spell words in French
- read aloud French words using my knowledge of vowel sounds:
  douze blouses, trente tantes
- find six places on a map of France

★ ★ ★ ★ ★ ★ ★ ★ ★ ★ ★

Imagine: you have to interview a French celebrity of your choice. What do you say to him/her?

 four questions and answers read from script

 six questions and answers read from script

 six questions and answers performed without script

2 Ma famille

- **Contexts**: family; numbers 0–69; personality; physical appearance
- **Grammar**: *il/elle* +verb; *mon/ma/mes*; adjectives; adjectival agreements; word order – position of adjectives and negatives
- **Language learning**: adapting texts; use and importance of high-frequency words; using a glossary
- **Pronunciation**: sound–spelling links; French accents: adjective endings

la mère Laforme — 1
le père Laforme — 2
le fils Laforme — 3
la fille Laforme — 4
la grand-mère Laforme — 5
le grand-père Laforme — 6

1a Écoute et trouve les cartes.
Listen and find the cards mentioned.

1b Écoute et dis le numéro.
Listen and say the number of the card.

1c Écoute et donne le nom de la personne.
Listen and give the name of the person.
Exemple C'est le père Laforme.

1d Test de mémoire: ferme le livre et pose des questions.
Memory test: A has the book shut. B asks questions.
Exemple B: Le numéro 5, c'est qui?
A: C'est la grand-mère.

Juliette, Matthieu, Natacha et Arnaud jouent au jeu des Sept familles.

2.1 Frères et sœurs

- Talk about brothers and sisters – how many you have, their names and ages
- Adapt a text to give your own details
- Revise numbers 0–31

Matthieu

Arnaud

moi

Nicolas

Anne

Je n'ai pas de frères et sœurs. Je suis fils unique.

À vos marques

Écoute et joue.
Listen and work out how to play the game. Then play in your class.

Regarde les photos. Écoute et lis. Qu'est-ce que c'est en français?

a   a half-brother
b   a sister
c   I haven't got any brothers or sisters.
d   an only child
e   his name is ...
f   her name is ...
g   he is ... years old
h   she is ... years old
i   and

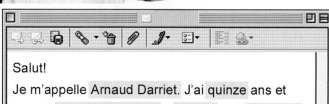

Salut!

Je m'appelle Arnaud Darriet. J'ai quinze ans et j'habite 17, rue des Lilas, à Dieppe. J'ai un demi-frère: il s'appelle Nicolas et il a dix-sept ans. J'ai une sœur: elle s'appelle Anne et elle a neuf ans. J'ai un chien (il s'appelle Hot-Dog) et une perruche (elle s'appelle Cléo). Et toi? Tu as des frères et sœurs? Tu as un animal chez toi?

ZOOm grammaire: il and elle + verb

- <u>He</u> is called Nicolas./<u>She</u> is nine years old.
1   Look at the e-mail on the right. What is the French for "he"? And for "she"?
2   **elle** or **il**? Make two lists.

Matthieu	le père	une demi-sœur
un grand-père	Juliette	un frère
le frère d'Arnaud	la mère	la grand-mère

- Look at how the verb changes in English:
  I <u>have</u> a dog.   You <u>have</u> a dog.   He <u>has</u> a dog.
3   Complete these sentences to see how the verb changes in French:
  a   J'<u>ai</u> un chien, tu ... un chien et il <u>a</u> un chien.
  b   Tu as treize ans? J'ai douze ans et Anne ...
  ➡ 135

Guide pratique

Adapting sentences
Sometimes you can adapt what someone else has written in order to write about yourself.

1   Adapt Arnaud's e-mail to write about your brothers and sisters. Copy out his message, substituting your own details for the highlighted words.

Example J'ai quinze ans et j'habite 17, rue des Lilas, à Dieppe.

→ J'ai douze ans et j'habite 56, King Street, à Bradford.

2 Écoute les six jeunes. Chaque personne a combien de frères, de sœurs, d'animaux? Qui n'a pas de frères?

Listen and note down how many brothers, sisters and pets each speaker has. Who doesn't have any brothers?

Nom	Frères	Sœurs	Animaux
Anne	1	X	1 chat

3a Faites un sondage en groupes de six personnes.

Conduct a survey in groups of six. On a sheet of paper, draw up a grid like the one in activity 2.

3b Pose des questions et remplis la feuille.

Ask questions and fill in the grid.

Exemple   Tu as des frères?
            Tu as des sœurs?
            Tu as un animal chez toi?

4 Adapte le message d'Arnaud pour Sandrine.

Substitute Sandrine's details for the highlighted words in Arnaud's e-mail to write her message.

Sandrine Magloire/13
3, rue Blaise Pascal/Paris   1 chat/Misti
1 frère/Laurent/19   1 souris/Mathilde

■ ■ **Expressions-clés** ■ ■ ■ ■

- j'ai
- tu as
- il a
- elle a

Ça se dit comme ça!

Same sound, different spelling

● The same sound can be spelt in different ways.

1 With a partner, work out how to say these sentences, paying particular attention to the green bold sounds. One of them is not pronounced: which one? Listen to check.
  a Tu **a**s un ch**a**t?
  b Elle **a** un c**a**fé **à** Dieppe.
  c **A**nne **a** son **a**nniversaire en **a**oût.

2 Now try pronouncing these sentences. Which two sounds are common to all of them? Listen to check.
  a Un chien et deux chats.
  b Tu as un animal chez toi?
  c Mon frère a des lapins.
  d Il a un café.

■ ■ **Expressions-clés** ■ ■ ■ ■ ■ ■ ■ ■ ■ ■

Tu as des frères et sœurs?
J'ai un frère/un demi-frère.
J'ai une sœur/une demi-sœur.
J'ai deux frères/sœurs.
Je n'ai pas de frères et sœurs.
Je suis fille unique. *(girl)*
Je suis fils unique. *(boy)*
Elle s'appelle (Anne).
Il s'appelle (Nicolas).
Elle a (neuf) ans.
Il a (dix-sept) ans.

Challenge!

A Recopie et complète la bulle pour Charlie.

Tu a* des fr*res et sœ*rs? Moi, je sui* fi*s uni*ue.

B Parle de tes frères et sœurs. Enregistre-toi, si possible.

Talk about your brothers and sisters. Record yourself if possible.

Exemple   J'ai un frère. Il a dix ans. Il s'appelle Tom. Je n'ai pas de sœurs.

C Invente une bulle pour un personnage de télé!

Write a bubble for a TV character!

2.2 C'est qui?

- Talk about family, giving name and age
- Count to 69
- Recognize and use French accents
- Use *mon, ma, mes*

À vos marques

Écris les phrases.
Write out the sentences in the snake properly.

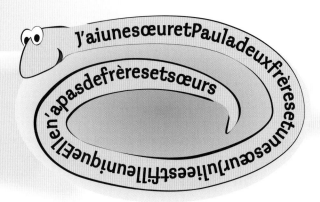

J'aiunesœuretPauladeuxfrèresetunesœuretunesœuretJulieestfillenunique!Ilen'apasdefrèresetsœurs

 1 Écoute et lis la conversation entre Arnaud et Juliette. Trouve les photos.

Arnaud montre ses photos de vacances à Juliette.

ZOOm grammaire: *mon, ma, mes*

En français:	mon père	ma sœur	mes parents
In English:	?	?	?

un/le ➡ mon   une/la ➡ ma   des/les ➡ mes

1 Copy and complete with **mon**, **ma** or **mes**.
  a C'est *** père et *** mère.
  b Voilà *** trois frères.
  c C'est *** sœur avec *** grands-parents.
  d C'est *** oncle et *** tante.
  e C'est *** cousin Paul et ce sont *** cousines Claire et Marie.

2 Compare these French and English phrases. What do you notice about the use of apostrophes?
  le père de mon grand-père = my grandfather's father
  la sœur de ma mère = my mother's sister

3 How would you say the following?
  a my grandmother's brother   **c** my mother's father
  b my uncle's sister   **d** my father's mother

➡ 131

Juliette:	Ça c'est qui?
Arnaud:	C'est mon père, bien sûr.
Juliette:	Ah, oui! Et ça, c'est qui?
Arnaud:	C'est ma cousine. Elle s'appelle Jasmine.
Juliette:	Et ça, c'est qui?
Arnaud:	Ce sont mes grands-parents, avec ma tante Danièle.

■ ■ Expressions-clés ■ ■ ■ ■ ■ ■ ■ ■ ■ ■ ■ ■

C'est mon père.   C'est ma mère.
C'est mon beau-père.   C'est ma belle-mère.
C'est mon frère/mon   C'est ma sœur/ma
  demi-frère.   demi-sœur.
C'est mon grand-père.   C'est ma grand-mère.
C'est mon cousin.   C'est ma cousine.
C'est mon oncle.   C'est ma tante.
Ce sont mes parents.
Ce sont mes grands-parents.

MERCREDI ET SAMEDI

26 32 45 59 61

Le père d'Arnaud a un ticket de loterie.

2a Relie les mots avec les numéros du ticket.

Match the words below to the numbers on the lottery ticket.

Exemple vingt-six = 26

a cinquante-neuf   c trente-deux
b soixante et un   d quarante-cinq

2b Écoute. C'est un ticket gagnant?

Listen to hear if it is a winning ticket.

2c Discute avec un(e) partenaire. Fais une liste des nombres de 30 à 69.

Work with a partner to draw up a list of all the numbers from 30 to 69.

Exemple trente, trente et un, trente-deux … etc.

2d Compte jusqu'à 69, et joue (voir À vos marques, p. 28).

Play the counting game (see *À vos marques*, page 28) up to 69.

Çato se dit comme ça!

Accents

● Some French words have marks – known as accents – above certain letters.

1 a Look at the words below. How many different accents can you find?

mère   vidéo   à bientôt!   où?

âge   février   août   été   crêpe

b Copy out the words. Listen and tick them when you hear them mentioned.

2 Look back over pages 27–29. Find 10 words with an accent. Compare your list with your partner's.

● There is also **ç** as in **français**. The symbol – called a cedilla – under the **c** makes the sound softer (like "s" not "k"). Before **e** and **i**, **c** always sounds like **s**, so no cedilla is needed.

3 a Find another word with a cedilla on page 30.

b Copy out these words. Listen and add a cedilla under the **c** where the sound is soft.

car   ca   garcon   crocodile

lecon   américain

Challenge!

A Dessine ta famille et écris qui est qui.

Draw a picture of your family (or choose a photo) and label it.

mon père   moi   mon grand-père

ma mère   mes cousins

B Écris six phrases sur ta famille.

Write six sentences about members of your family, as in the example.

Exemple C'est mon grand-père: il s'appelle Harry et il a soixante-trois ans.

C Écoute et lis le message de Natacha. Écoute les questions et réponds.

Salut! Je m'appelle Natacha et j'ai quatorze ans. J'habite à Dieppe avec mon frère Stéphane, ma sœur Inès, ma mère et mon beau-père. Mon père habite à Paris. Il s'appelle Daniel. Il a quarante-deux ans. Mes grands-parents habitent aussi à Paris.

2.3 Les secrets de la personnalité

- Describe your own and someone else's character
- Learn some regular and irregular adjectives to describe personality
- Understand when to make adjectival agreements

À vos marques

Lis les deux listes. Trouve l'équivalent anglais des neuf adjectifs.

Read the two lists in *Expressions-clés*. Find the English equivalents of the nine adjectives.

 1a Lis les deux listes à haute voix.

 1b Écoute et note les qualités.
Listen to Juliette, Arnaud, Natacha and Matthieu. Note the qualities they think an ideal brother/sister has.
Exemple Juliette: c, h

1c Réécoute Juliette et remplis les blancs.
Listen again and find the words to replace the numbers in brackets.

> Pour moi, un frère idéal est [1] et [2].
> Ma sœur idéale est [3] et elle est [4].

2a Donne ton opinion. Un frère idéal, c'est quoi? Écris une liste des qualités.
What do you think are the qualities of an ideal brother? List the *Expressions-clés* in order of importance.

2b Et une sœur idéale? Écris une liste.

 3 Décris tes profs.
Describe your teachers.

> *Madame Huntley, elle est comment?*

> *Elle est marrante. Monsieur Becker, il est comment?*

■■ Expressions-clés ■■■■■■■■■■■■

	Le frère idéal	**La sœur idéale**
a	Il est sympa.	Elle est sympa.
b	Il est intelligent.	Elle est intelligente.
c	Il est courageux.	Elle est courageuse.
d	Il est marrant.	Elle est marrante.
e	Il est patient.	Elle est patiente.
f	Il est sérieux.	Elle est sérieuse.
g	Il est calme.	Elle est calme.
h	Il est travailleur.	Elle est travailleuse.
i	Il est généreux.	Elle est généreuse.

■■ Expressions-clés ■■■■■■

je suis
tu es
il est
elle est

Ça se dit comme ça!

Focus on adjective endings

Le footballeur
est travailleur
et la chanteuse
est dangereuse.

Un éléphant est patient …
il est marrant …
il est charmant …
et amusant …

Madame Laplante est patiente …
elle est marrante …
elle est charmante …
et amusante …

1 Listen to the raps and tap out the rhythm. Pay attention to the way the adjective endings are pronounced. Listen again and join in.

4 Corrige la liste d'adjectifs pour Charlie.
Correct Charlie's adjective endings.

Moi, je suis
intelligent
marrante
sérieuse
courageux
amusante
travailleuse
patient

Challenge!

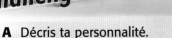

A Décris ta personnalité.
Talk about your personality.

Moi? Je suis sérieux, je suis calme …

ZOom grammaire: adjectives ①

- In English, whoever or whatever you are describing, the adjective stays the same: Jack is <u>funny</u>, Julie is <u>funny</u>, their parents are <u>funny</u> … even their dog is <u>funny</u>!

- In French, the adjective changes to match the word it is describing. Like the noun, it must be masculine or feminine, singular or plural.

1 Most adjectives add **-e** to the masculine form to make the feminine, e.g. **patient** (m.) → **patient<u>e</u>** (f.). Find two more adjectives like this on the page.

2 When the masculine adjective ends in **-eur** or **-eux**, the feminine ending changes to **-euse**, e.g. **sérieux** (m.) → **sérieuse** (f.). Find three more adjectives like this on pages 32–33.

3 A few adjectives don't follow this pattern. They always stay the same, e.g. **sympa** (m.) → **sympa** (f.). Find another adjective like this on page 32.

4 The following adjectives change in the feminine form. Work out what the feminine is.

amusant   content   curieux

dangereux   fort   poli   rêveur

- **Il est** + masc. adjective: **Il est intelligent.**
Elle est + fem. adjective: **Elle est intelligente.**

  Q: What about after **Je suis** or **Tu es**?
  A: It depends whether the person being described (**je** or **tu**) is male or female.

→ 130

B Décris ta mère idéale et ton père idéal.
Talk about your ideal mother and father.

C Fais des phrases.
Write sentences using the following words.

elle   tu   es   suis

je   sympa   il   est

intelligent   sympa   marrante

- Ask what someone looks like
- Say what you look like and describe what someone else looks like (height, build, hair colour and style)
- Understand the importance of high-frequency words

À vos marques

Regarde la Famille Lafrousse. Que veut dire: grand/grande, petit/petite, gros/grosse, mince? Lis les adjectifs à haute voix.

Look at the Lafrousse family. What do you think the adjectives: *grand/grande*, *petit/petite*, *gros/grosse*, *mince* mean in English? Read the adjectives aloud.

La Famille Lafrousse

il est grand · elle est grande · il est petit · elle est petite · il est gros · elle est grosse · il est mince · elle est mince

ÉCOUTER 1 Écoute. Note la description d'Arnaud, Natacha, Matthieu et Juliette.
Exemple Arnaud: grand, mince

LIRE 2a Lis les descriptions. Regarde les cartes, p. 27. C'est qui?
Read the descriptions below. Look at the cards on p. 27. Which member of the Laforme family is being described?
Exemple **a** la mère Laforme

  a Elle est grande et elle est mince.
  b Il est grand et il est gros.
  c Il est petit et il est assez gros.
  d Elle est assez petite et assez grosse.
  e Il est assez grand et très mince.
  f Elle est petite et elle est mince.

LIRE 2b Que veulent dire "très" et "assez" en anglais?
Look at sentences c, d and e. Can you work out what *très* and *assez* mean in English? Why are they useful words?

Guide pratique

Topic words v High-frequency words

Topic words = mainly nouns, concrete "things"
High-frequency words = often little words, can appear in lots of topics.
Le frère de mon père est très grand et assez gros.

1 Read the sentence above. List the topic words and high-frequency words and give the English.

2 Choose one or more of these reasons to say why each of the underlined words is useful.
  a It tells you the gender of the noun following.
  b It links words or ideas to make longer, more sophisticated sentences.
  c It gives more information about the adjective that follows so you can be more precise.
  d It is a common verb used in many situations.

Festival de la coiffure
On cherche des mannequins!

Attention les garçons!
Tu es ...   **roux?**
brun?   **blond?**

Attention les filles!
Tu es ...   **blonde?**
brune?
rousse?

Quel est ton style?
cheveux courts   **cheveux longs**   **cheveux frisés**   **cheveux raides**

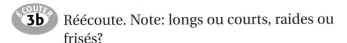

Téléphone à Top Agence au 02.26.32.19.19

3a Écoute. Note la couleur des cheveux.
Listen. Note down what colour hair Murielle, Kévin, Farida, Alexandre, Isabelle, Luc and Sophie have.

3b Réécoute. Note: longs ou courts, raides ou frisés?

3c Décris les jeunes.

4 Tu es comment? Et les membres de ta famille?
Describe what you and members of your family look like: size and hair. Use the *Expressions-clés*.

■■ Expressions-clés ■■■■■■■■■■■■■■■■■■■■

Tu es comment?
Il/Elle est comment?
Je suis/Il est   (assez/très) grand/petit/gros/mince.
Je suis/Elle est (assez/très) grande/petite/grosse/mince.

Tu as les cheveux comment?
Il/Elle a les cheveux comment?
Je suis/Il est   blond/brun/roux.
Je suis/Elle est blonde/brune/rousse.

J'ai/Tu as
Il a/Elle a } les cheveux { longs/courts.
                              frisés/raides.

Challenge!

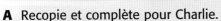

A Recopie et complète pour Charlie.

*Je suis ***.
J'ai les cheveux
*** et ***.*

*Je suis ***. J'ai
les cheveux ***
et ***.*

B Comment sont les cheveux de la Famille Lafrousse?
Write about the hair of each member of the Lafrousse family.

C Fais des phrases.
Add some high-frequency words you know to make the words below into sentences.
a mère sympa travailleuse grande mince
b cousin petit sérieux chien grand dangereux

2.5 Les descriptions

- Produce detailed descriptions of self and others
- Use a glossary
- Understand the position of adjectives in French sentences
- Form a simple negative sentence

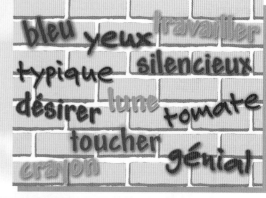

À vos marques

Lis les mots. Ça veut dire quoi? Vérifie dans le glossaire, p. 146.
Read these words. Guess the meaning of each and say if you
think it is a noun, a verb or an adjective. Check your answers in
the glossary, page 146.

Change la couleur de tes yeux avec les lentilles Multicolores!

Tu voudrais avoir:

 les yeux bleus? les yeux verts?

les yeux marron? les yeux gris?

---

 1 Écoute Natacha, Arnaud, Juliette et
Matthieu. Ils voudraient avoir les yeux de
quelle couleur?
Listen to the four friends. Note the colour
of eyes they'd like.

2 Tu as les yeux de quelle couleur? Tu
voudrais avoir les yeux de quelle couleur?
Tell your partner what colour eyes you've
got and what colour eyes you'd like.

Exemple J'ai les yeux marron.
Je voudrais avoir les yeux verts.

Zoom grammaire: adjectives ❷

En français:	In English:
J'ai les cheveux raides.	I've got straight hair.
J'ai les yeux verts.	I've got green eyes.

1 Where do the French usually put the adjective:
before or after the noun it describes? How
does this compare with English?

2 What is different about the nouns in the French
and English sentences?

➡ 131

Guide pratique

Using a glossary ① (French–English)

- There is a word list (glossary) in this book where
you can look up the meaning of new words. The
French–English section starts on p. 146.

1 Look at the glossary and say if the statements
below are true or false. How do you know?
   a The words are arranged in alphabetical order.
   b It shows if a word is a noun, verb or adjective.
   c It shows if a noun is masculine or feminine.
   d You can use it to check how to spell a word.

2 These abbreviations are in the glossary. Match
them to the words below: *nm, nf, v, adj, pl*.
   a adjective   **d** femininine noun
   b verb   **e** masculine noun
   c plural form of a noun

3 Some French words look like English words but
mean something different. They are called "false
friends". List the ones you've met so far in *Équipe
nouvelle*.

■■ **Expressions-clés** ■■■■■■■■■■■■■■■■■■■

Tu as les yeux comment?
Il/Elle a les yeux comment?
J'ai
Tu as
Il/Elle a
Je voudrais avoir
} les yeux bleus/verts/marron/gris

Je m'appelle Natacha Delanoé. J'habite à Dieppe avec ma mère et mon beau-père, mon frère et ma sœur.

Ma mère s'appelle Françoise. Elle a quarante-trois ans. Elle est petite et assez mince. Elle est brune **et** elle a les cheveux courts et frisés. Elle a les yeux marron. Elle est sympa **mais** elle n'est pas **toujours** patiente.

Mon beau-père s'appelle Yvan. Il a quarante-quatre ans. Il est assez petit et assez gros. Il est brun et il a les cheveux courts et raides. Il a les yeux verts. Il est très intelligent.

J'ai un frère. Il s'appelle Stéphane. Il a seize ans. Il est grand et assez gros. Il est blond et il a les cheveux courts et raides. Il a les yeux bleus. Il est très travailleur, mais il n'est pas sérieux.

J'ai une sœur. Elle s'appelle Inès. Elle a dix ans. Elle est assez petite et mince. Elle est blonde et elle a les cheveux longs et frisés. Elle a les yeux gris. Elle est marrante mais **paresseuse**.

Natacha décrit sa famille

 3a Cherche les mots en **gras** dans le glossaire.
Look up the words in **bold** in the glossary.

 3b Qui …
a est paresseuse?
b a les yeux bleus?
c est petite et assez mince?
d a les cheveux longs et frisés?
e n'est pas sérieux?
f a 44 ans?

 3c Fais un résumé en anglais de chaque membre de la famille de Natacha.
Summarize in English each member of Natacha's family.

 3d Décris le père de Natacha.
Use the details below to write a description of Natacha's father.
Daniel, 42, Paris, très grand/mince; cheveux: blonds, longs, frisés; yeux: bleus; marrant, ✗ travailleur

 **ZOOm grammaire:** *ne … pas*

● Il s'appelle Yvan. Il **ne** s'appelle **pas** Jack.
Elle est patiente. Elle **n'**est **pas** patiente.
J'ai un frère. Je **n'**ai **pas** de frères.
Tu as un animal? Tu **n'**as **pas** d'animal?

1 Which part of the sentence goes between **ne** and **pas** to make a sentence negative?
2 Why is **n'** sometimes used instead of **ne**?
3 What do **un**, **une** or **des** change to if they follow **ne** + verb + **pas**?
4 Make these sentences negative.
a Je suis intelligent.
b Je parle italien.
c Tu as un frère.
d Il habite à Dieppe.
e Elle a les cheveux raides.

➡ 140

 Challenge!

A Écris correctement le message. Traduis.
Copy the message correctly. What does it mean?

> MacousineestassezpetiteettrèsgrosseEllee
> strousseetellealesyeuxvertsEllen'apasdefr
> èresetsœurs

B Décris cinq membres de ta famille (ou des copains, des stars ou des professeurs).
Write about five members of your family (or friends, famous people or teachers).

C Imagine une conversation avec un correspondant/une correspondante.

Lucie
14 ans
Frères: 0, Sœurs: 0
Yeux: marron

Guillaume
11 ans
Frères: 2, Sœurs: 0
Yeux: marron

Élise
12 ans
Frères: 1, Sœurs: 1
Yeux: verts

Florian
14 ans
Frères: 0, Sœurs: 1
Yeux: gris

Karim
15 ans
Frères: 0, Sœurs: 3
Yeux: marron

Aurélie
13 ans
Frères: 1, Sœurs: 0
Yeux: bleus

- Il/Elle a des frères et sœurs?
- Il/Elle est grand(e) ou petit(e)?
- Il/Elle est mince ou gros(se)?
- Il/Elle a les yeux comment?
- Il/Elle a les cheveux comment?
- Il/Elle a quel âge?

1a Écoute. C'est qui?
Exemple **1** = "J'ai quinze ans." Karim

1b Joue avec un(e) partenaire. À tour de rôle, jetez le dé deux fois.
Play with a partner. Take turns to throw the die twice.
1st throw: go to the photo indicated and say the name of the person.
Exemple = Il s'appelle Karim.

2nd throw: refer to the list and make a statement about that person.
Exemple [dice] = Il est assez mince.

2 Écris une lettre pour te décrire. Adapte les détails soulignés.
Write a letter to describe yourself. Replace the underlined phrases with your own details.

> Je m'appelle <u>Karima</u>. J'ai <u>13</u> ans. J'habite avec <u>mon père, ma mère, ma grand-mère et ma sœur Fatima</u>. Je suis <u>grande</u> et <u>assez mince</u>. Je suis <u>brune</u> et j'ai les cheveux <u>longs</u> et <u>raides</u>. J'ai les yeux <u>marron</u>. Je suis <u>calme</u> et <u>généreuse</u>. Au revoir!

2 Vocabulaire

Tu as des frères et sœurs?	*Have you got any brothers and sisters?*
J'ai un frère/ un demi-frère.	*I've got a brother/ a half-brother, step-brother.*
J'ai une sœur/ une demi-sœur.	*I've got a sister/ a half-sister, step-sister.*
J'ai deux frères/ sœurs.	*I've got two brothers/ sisters.*
Je n'ai pas de frères et sœurs.	*I haven't got any brothers or sisters.*
Je suis fille unique. (girl)	*I'm an only child. (girl)*
Je suis fils unique. (boy)	*I'm an only child. (boy)*

Elle/Il s'appelle …	*Her/His name's …*
Elle/Il a … ans.	*She's/He's … years old.*

C'est mon père/ mon beau-père.	*This is my father/ my step-father.*
C'est ma mère/ ma belle-mère.	*This is my mother/ my step-mother.*
mon frère/ mon demi-frère	*my brother/ my half-brother, step-brother*
ma sœur/ ma demi-sœur	*my sister/ my half-sister, step-sister*
mon grand-père	*my grandfather*
ma grand-mère	*my grandmother*
mon cousin/ ma cousine	*my cousin (boy)/ my cousin (girl)*
mon oncle	*my uncle*
ma tante	*my aunt*
Ce sont mes parents.	*These are my parents.*
mes grands-parents	*my grandparents*

Je suis …	*I am …*
Tu es …	*You are …*
Il est … /Elle est …	*He is …/She is …*
calme	*quiet*
courageux/courageuse	*brave*
généreux/généreuse	*generous*
intelligent/intelligente	*intelligent*
marrant/marrante	*funny*
patient/patiente	*patient*
sérieux/sérieuse	*sensible*
sympa	*nice*
travailleur/travailleuse	*hard-working*

Tu as les cheveux comment?	*What is your hair like?*
Je suis / Il est { blond/brun/ roux.	*I have / He has { blond/brown/ ginger hair.*
Je suis / Elle est { blonde/brune/ rousse.	*I have / She has { blond/brown/ ginger hair.*
J'ai les cheveux longs.	*I have long hair.*
Tu as les cheveux courts.	*You have short hair.*
Il a les cheveux frisés.	*He has curly hair.*
Elle a les cheveux raides.	*She has straight hair.*

Tu es comment?	*What do you look like?*
Je suis / Il est { (assez/très) grand/ petit/gros/mince.	*I am / He is { (quite/very) tall/short/ well-built/slim.*
Je suis / Elle est { (assez/très) grande/ petite/grosse/mince.	*I am / She is { (quite/very) tall/ short/well-built/slim.*

Tu as les yeux comment?	*What colour are your eyes?*
J'ai les yeux bleus.	*I have blue eyes.*
Il/Elle a les yeux marron.	*He/She has brown eyes.*
les yeux verts/gris	*green/grey eyes*

② Podium

I know how to:

- ask someone if they have any brothers or sisters:
  Tu as des frères et sœurs?

- say if I have any brothers or sisters: J'ai un frère, mais je n'ai pas de sœurs. Je suis fille/fils unique.

- name other members of my family: mon père, ma grand-mère, etc.

- give their names and ages: Il/Elle s'appelle … Il/Elle a … ans.

- count up to 69: quarante … cinquante … soixante-neuf

- describe my personality: Je suis sérieux et travailleur.

- describe someone else's personality: Il est sympa. Elle est marrante.

- ask someone what they look like: Tu es comment?

- describe my appearance: Je suis assez grand(e) et assez gros(se).

- describe someone else's appearance: Il est petit et très mince.

- say what colour my hair is: Je suis brun(e).

- describe hairstyles: J'ai les cheveux longs et raides. Mon frère a les cheveux courts et frisés.

- say what colour eyes are: J'ai les yeux verts. Il/Elle a les yeux marron.

- use the pronouns **il** and **elle** correctly

- use **mon, ma, mes** correctly

- make adjectives masculine or feminine using a regular pattern

- make some adjectives feminine that don't follow the regular pattern

- explain the position of adjectives in French

- form a simple negative sentence

- adapt a sentence frame to talk or write about myself

- recognize topic words and high-frequency words

- use the glossary at the back of the Students' Book

- recognize and understand accents and the cedilla

☆ ☆ ☆ ☆ ★ ☆ ☆ ☆ ☆

- Imagine you are a famous person. Find or draw a picture of your chosen person and write a description of yourself.

- Imagine: the police are looking for a dangerous criminal. Design a 'wanted' poster and write a description below it. Include at least five details.

- Imagine: your French penfriend is coming to stay and you are going to meet him at the station. Phone to say what you look like and find out what he looks like so you will recognize each other. Practise with a partner.

1-2 Révisions

Regarde d'abord les pages 13–40.

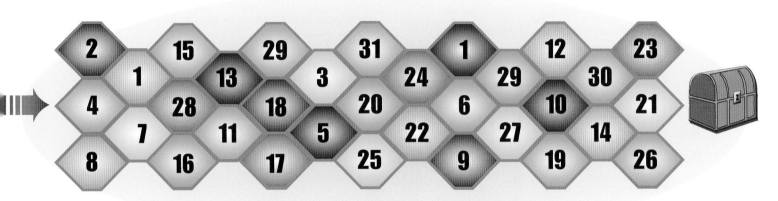

ÉCOUTER 1a Écoute et suis les numéros.
Listen and follow the numbers on the grid with your finger.

PARLER 1b Dis les numéros pour traverser. Ton/Ta partenaire vérifie.
Say the numbers aloud to form your own path to the treasure. Your partner checks you are correct.

ÉCRIRE 2a Compte les animaux. Fais une liste.

> trois serpents
> quatre ...

LIRE 2b Vrai ou faux?
  a Léo a un chien.
  b Il a trois chats.
  c Il a cinq lapins.
  d Il a trois poissons rouges.
  e Il a six perruches.
  f Il n'a pas de tortue.

3 Écoute et prends des notes.
âge? anniversaire? frères/sœurs?

Exemple Martin: 14 ans, 31 janvier, 1 frère

Martin Estelle Olivier Claire Ali

4a Lis le message à droite. Recopie et
complète la fiche de Khalida.

Read the e-mail. Copy out and fill in the
form for Khalida.

Salut! Je m'appelle Khalida Chedid et j'ai douze ans.
Mon anniversaire, c'est en hiver, le 10 janvier.

Je suis assez grande et mince. Je suis brune et j'ai
les cheveux longs.

J'habite à Marseille. Marseille, c'est sympa. J'ai une
sœur et deux frères. J'adore les animaux, mais je
n'ai pas d'animal chez moi.

Je cherche un correspondant ou une
correspondante. J'attends ton message.

Nom	_____
Âge	_____
Anniversaire	_____
Habite	_____
	_____
Description	_____
	_____
Frères/Sœurs	_____
Animaux	_____

*Voici mes sœurs, ma mère, ma grand-mère,
ma tante et mes cousines! Patiente,
Sérieuse, Intelligente, Courageuse,
Travailleuse, Généreuse et Marrante.*

4b Recopie et complète la fiche pour toi.
Copy out and fill in the form for yourself.

4c Écris un message comme Khalida.
Write a message like Khalida's with your
own details.

5a Regarde la famille de Sympa. Écoute.
C'est qui?

Exemple 1 c

5b Réécoute. Prends des notes et écris la
description.

Exemple 1 13, petite/grosse, brune, longs,
frisés

Une sœur s'appelle Courageuse. Elle a treize
ans. Elle est petite et grosse. Elle est brune et
elle a les cheveux longs et frisés.

3 Au collège

- **Contexts**: classroom objects, opinions of school subjects, telling the time, timetable
- **Grammar**: constructing sentences in French; *on*; French pronouns; the present tense
- **Language learning**: developing classroom language; techniques for learning new words; improving listening skills
- **Pronunciation**: pronouncing new words; *je, j'ai, j'aime*
- **Cultural focus**: French handwriting; school in France

 1 Lis. Quel est l'équivalent anglais?
What are the English equivalents of the four types of French school?

| a **école maternelle** $2\frac{1}{2}$–6 ans | b **école primaire** 6–11 ans | c **collège** 11–15 ans | d **lycée** 15–18 ans |

Bienvenue au collège Marcel Proust à Dieppe!

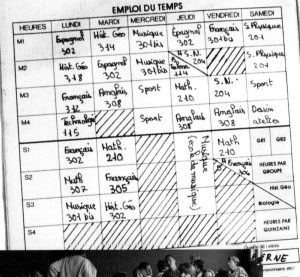

2 Regarde les photos. Le collège Marcel Proust, c'est comme ton collège? Quelles sont les différences?
Look at the photos. Is the Marcel Proust School like your school? What differences do you notice?

3.1 Les affaires d'école

- Talk about what classroom objects you have and don't have
- Ask for classroom objects
- Apply existing knowledge of French sounds to pronounce new words
- Develop classroom language

À vos marques

a Regarde les Mots-clés. C'est quoi en anglais? Vérifie dans le glossaire.

Look at the *Mots-clés*. What do they mean in English? Check in the glossary.

b Ça se dit comment?

c Écoute et vérifie.

■ Mots-clés ■■■■■■■■■■■■■■■■■■■■■

un bâton de colle	une calculatrice
un cahier	une gomme
un classeur	une règle
un crayon	une trousse
un dictionnaire	
un livre	des ciseaux
un sac	des feutres
un stylo	des tennis
un taille-crayon	

 1a Combien de Mots-clés sont dans le dépliant Spécial rentrée?

How many of the *Mots-clés* can you find in the leaflet advertising school equipment?

Exemple **a** = des tennis

 1b Écoute. C'est quelle lettre?

Exemple **1** b

Spécial rentrée

LES 2 PAIRES **11,00€**
TENNIS LACETS OU VELCRO
Dessus synthétique · Semelle élastomère
Plusieurs coloris · Du 28 au 46
La paire **7,00€**

+ 1 GRATUIT
1,50€
2 BÂTONS DE COLLE CASINO 8g + 1 GRATUIT

1,00€
1 STYLO BIC 4 COULEURS
Pointe moyenne

2,00€
POCHETTE SOUPLE 18 FEUTRES DESSIN + 6 GRATUITS
Pointe moyenne

2,30€
CALCULATRICE AURODIS
CD 402
A piles et solaire
4 opérations · Mémoire
8 chiffres · Garantie 1 an

1,30€
CAHIER CHIPIE LOVY
96 pages, 21 x 29,7, 90 gr
Grands carreaux

Ça se dit comme ça!

Pronouncing new words

- Think about sounds you already know:

  un **li**vre   s**i**x

  un cray**on**   **on**ze

1 What words do you already know that contain the sounds in green?

  une trousse   des feutres

  un bâton de colle   des ciseaux   une règle

- Listen and make a note of these new sounds:

  un ca**hi**er   un **tai**lle-crayon   une fi**lle**

  un cla**sseu**r   une h**eu**re   une s**œu**r

  un di**ctio**nnaire   la nata**ti**on   la pollu**ti**on

2 Learn these rhymes by heart:

  a Les yeux de la fille brillent.

  b Ma sœur a un classeur.

  c La natation, c'est ma passion!

PARLER 2 Emprunte cinq objets à ton/ta partenaire.
Borrow five items from your partner.

Exemple   A: Tu as un stylo?
B: Oui, j'ai un stylo. Voilà.
B: Tu as une calculatrice?
A: Non, désolé(e), je n'ai pas de calculatrice.

LIRE 3a Trouve les erreurs dans la liste de Juliette.
Find the mistakes in Juliette's list.

Juliette

Dans mon sac, j'ai une trousse, des feutres, un classeur, des ciseaux, une calculatrice, un bâton de colle et un cahier. Je n'ai pas de dictionnaire et je n'ai pas de règle.

ÉCRIRE 3b Écris la bonne liste pour Juliette.
Write the correct list for Juliette.

ÉCRIRE 4 Fais une liste pour Arnaud.
Exemple   Dans ma trousse, j'ai …

Arnaud

Challenge!

A Recopie et complète.

Dans mon sac, j'ai un classeur, une trousse, un dictionnaire et une calculatrice.

■■ Expressions-clés ■■■■■■■■■■

Tu as un stylo?
Oui, j'ai un stylo. Voilà.
Non, désolé(e), je n'ai pas de stylo.

Qu'est-ce que tu as dans ton sac/ ta trousse?
Dans mon sac, j'ai un classeur.
Dans ma trousse, j'ai une gomme et des ciseaux.

Guide pratique

Developing your classroom language

1 What classroom language do you use on a regular basis? Make a list with a partner.

● Every time you learn some new language, think how you could use it in your next lesson.

2 How would you say that you don't have the following?

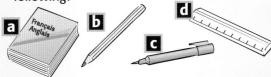

3 How would you ask to borrow items **a–d** from your partner?

● If you need to borrow something from your teacher, be polite! Instead of saying **Tu as un dictionnaire?**, you should say **Vous avez un dictionnaire?**

4 Practise asking to borrow items **a–d** from your teacher.

B Qu'est-ce que tu as dans ta trousse et dans ton sac? Qu'est-ce que tu n'as pas? Écris des phrases.
Exemple   Dans mon sac, j'ai …
Je n'ai pas de …

C Ça se dit comment? Tu ou vous?
Mon, ma ou mes?
a (to partner) Do you have my pencil?
b (to teacher) Do you have my exercise book?
c (to partner) Do you have my scissors?
d (to teacher) Do you have my calculator?

3.2 J'aime le français

- Talk about what school subjects you like and dislike
- Develop ways to learn new words
- Give opinions
- Look at French sentence structure

À vos marques

Écoute et écris les mots.

1a Relie les symboles aux Mots-clés.

1b Lis les Mots-clés à haute voix.

a   b   c   d   e

f   g   h   i

j   k   l   m

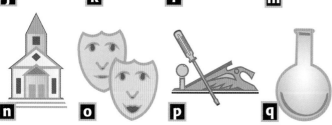

n   o   p   q

2a Écoute. Les quatre copains parlent de quelles matières? Note les lettres.
Listen to Natacha, Matthieu, Arnaud and Juliette. Which subjects are they talking about? Note the correct letters.
Exemple   Natacha: e, a, i …

■■Mots-clés ■■■■■■■■■■■

l'allemand
l'anglais
l'espagnol
le français

la géographie
l'histoire
la religion

les maths
l'informatique

la musique
l'art dramatique
le dessin
la technologie

le sport/l'EPS – éducation
    physique et sportive

la chimie
la physique   les sciences
la biologie

Guide pratique

Learning new words②

1   How have the new words on this page been grouped? Why might this be?

- A long list of words to learn? You could:
  - group them in categories
  - organize them into **le, la, l', les**
  - colour-code them according to gender
  - organize them into words that are like English and those that aren't!

2   Re-write the list of school subjects grouped by gender using blue and red to help you remember whether the subjects are masculine or feminine.

2b Réécoute. Recopie et complète la grille.

	😊	🙁
N	e	a, i
M		
A		
J		

2c Écris des phrases pour Matthieu, Arnaud et Juliette.

Exemple   Natacha: J'aime l'informatique.
Je n'aime pas le dessin et
je n'aime pas le sport.

3a Regarde les Mots-clés à droite. Ça se dit comment? Devine l'anglais.

3b Écoute les huit élèves et vérifie.
Listen to the eight pupils and check.

3c Réécoute. Organise les adjectifs en deux listes: opinions positives et opinions négatives.

4 Choisis cinq matières. Ton/Ta partenaire aime ces matières?
Choose five subjects and find out if your partner likes them.

Exemple   A: Tu aimes les maths?
B: Oui, j'aime les maths. C'est génial.
B: Tu aimes l'histoire?
A: Non, je n'aime pas l'histoire.
C'est nul.

Expressions-clés

Qu'est-ce que tu aimes au collège?
J'aime …
Je n'aime pas …

Mots-clés

C'est …

super	difficile	intéressant	nul
pas marrant	fatigant	amusant	génial

ZOOm grammaire: *sentences*

A typical sentence needs a subject and verb:
J'aime l'anglais.   I like English.

1 Find the subject and the verb in each of these sentences.
a Tu aimes les maths?
b Paul n'a pas de frères.
c Vous avez un dictionnaire?
d Elle est intelligente.
e Je m'appelle Matthieu.

2 Unjumble these sentences and underline the subject and verb in each one.
a deux j' ai chats
b Dieppe habite à j'
c père mon ans quarante-quatre a
d n' pas est il travailleur
➡ 133

Challenge!

A Complète la bulle.

J'aime ___ .
C'est 😊 !
Je n'aime pas ___ .
C'est 🙁 !

super	l'espagnol	difficile	les maths

B Qu'est-ce que tu as dans ton sac pour six matières différentes?
Say what you carry in your bag for six different subjects.
Exemple   Pour l'espagnol, j'ai un livre, un cahier, un stylo et un dictionnaire.

C Fais des phrases avec ces mots.
Write sentences starting with these words.
Exemple   Il parle anglais.

parle   j'   habites   aime   avez   je
vous   il   tu   ai   suis   elle

- Tell the time in French
- Learn the days of the week in French
- Improve your listening skills
- Talk about when you have different subjects

À vos marques

Joue au ping-pong des nombres avec ton/ta partenaire.
Play 'table tennis' with your partner with the numbers up to 60.

Un — Deux — Trois — Quatre etc.

A   B   A   B

■ Mots-clés ■

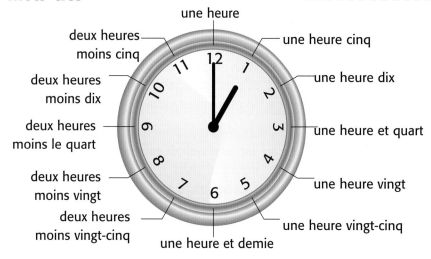

une heure
deux heures
moins cinq
une heure cinq
deux heures
moins dix
une heure dix
deux heures
moins le quart
une heure et quart
deux heures
moins vingt
une heure vingt
deux heures
moins vingt-cinq
une heure vingt-cinq
une heure et demie

Note la différence!
Il est deux heures. J'ai dessin.
It is two o'clock. I have art.

J'ai dessin **à** deux heures.
I have art **at** *two o'clock.*

 1 Écoute et répète les heures.
Listen and repeat the clock times.

2 Écoute. Il est quelle heure?
Listen and note down the times.

3 Note quatre heures. Lis les heures pour ton/ta partenaire.
Write down four times. Read them to your partner, who notes the times.
Exemple   A: Il est quelle heure?
         B: Il est trois heures dix.

         B: Il est quelle heure?
         A: Il est dix heures moins vingt.

4 Écris. Il est quelle heure (à droite)?
Exemple   **a** Il est trois heures vingt.

5a Trouve les sept jours de la semaine.
Find the seven days of the week.

5b Écoute, vérifie et répète.

6 Relie les bulles aux images.

a *Le samedi, à dix heures, j'ai musique.*

b *Le lundi, à trois heures, on a espagnol.*

c *Le mercredi, à neuf heures, on a anglais.*

d *Le jeudi, à onze heures, j'ai géographie.*

1 **2** **3** **4**

7 Recopie la grille. Écoute les cinq conversations et complète. Lis Guide pratique.

matière	jour	heure
informatique	jeudi	10h

■ ■ **Expressions-clés** ■ ■ ■ ■ ■ ■ ■ ■ ■ ■ ■ ■ ■ ■ ■ ■ ■

Il est quelle heure?
Il est cinq heures dix.
Il est sept heures moins vingt.

Le lundi, à dix heures, j'ai maths.
Le mardi, à onze heures, on a espagnol.

lundi	mardi	mercredi
jeudi	vendredi	samedi
dimanche		

ZOOm grammaire: *on + verb*

One meaning of **on** is "we". It takes the same endings as **il** and **elle**.

1 Translate these sentences into English.
  a Le jeudi, à onze heures, on a maths.
  b On habite à Dieppe.
  c Mon frère et moi, on parle anglais et italien.

➡ 133

Guide pratique

Improving your listening

A What sort of listening passage is it?
B What is it likely to be about? Are there any clues?
C What sort of words are you likely to hear? List a few examples.
D Listen to the passage all the way through to get an idea of the length and speed.
E Listen again and complete the activity.

Challenge!

A C'est quel jour?
  1 dnlui   **3** idmase   **5** ujdie
  2 mheidcna   **4** remdreci   **6** idram

B Décris un jour au collège.
  Choose one day at school. Write down when you have different subjects.
  Exemple   Le lundi, à neuf heures moins dix, j'ai art dramatique. À dix heures moins vingt, on a ...

C Imagine ton jour idéal au collège.
  Write a description of your ideal school day.
  Exemple   Le lundi, à onze heures, j'ai sport. J'aime le sport, c'est super! À deux heures, on a dessin. C'est amusant. J'aime le dessin!

3.4 Mon emploi du temps

- Understand a French timetable
- Study French handwriting
- Compare school in France and Britain
- Recognize the different sounds *je, j'ai, j'aime*

À vos marques

Trouve l'intrus et dis pourquoi.

1	lundi	dessin	vendredi	dimanche
2	espagnol	anglais	français	maths
3	stylo	chat	crayon	gomme
4	amusant	fatigant	difficile	nul
5	physique	chimie	sport	biologie

LIRE 1a Regarde les illustrations et l'emploi du temps. C'est quel jour?
Look at the illustrations and the timetable. Which day is it?
Exemple C'est …

EMPLOI DU TEMPS

Jours / Heures	LUNDI	MARDI	MERCREDI	JEUDI	VENDREDI	SAMEDI
9 h	Anglais	Maths		Histoire	Français	Maths
10 h	Musique	Dessin		Informatique	Maths	Anglais
11 h	Français	Anglais		Géographie	EPS	Français
2 h	EPS	Physique		Espagnol	Histoire	
3 h	Géographie	Biologie		Maths	Anglais	
4 h	Espagnol	Français				

L'emploi du temps d'Arnaud

a

b

CAHIER DE FRANÇAIS

FRANÇAIS/ ANGLAIS

Français/Espagnol

 LIRE PARLER 1b C'est quel jour? Devine avec ton/ta partenaire.

Exemple A: Dans mon sac, j'ai un dictionnaire.
B: C'est lundi pour l'anglais?
A: Non!
B: C'est lundi pour l'espagnol?
A: Oui!

 ÉCOUTER LIRE 1c Écoute Arnaud. Vrai ou faux?
Exemple **1** faux

2a Regarde l'emploi du temps, p.50. Écoute. Recopie et complète.
Look at Arnaud's timetable. Copy and complete the six sentences you hear.
Exemple Le mardi à deux heures, j'ai …

2b Écoute et vérifie.

3 Regarde l'emploi du temps, p.50. A pose des questions. B répond pour Arnaud.
Look at the timetable on page 50. A asks B questions which B answers for Arnaud.
Exemple A: Qu'est-ce que tu as le lundi à dix heures?
B: J'ai musique.
A: Tu aimes la musique?
B: Oui, j'aime la musique. C'est amusant.

French handwriting
1 Look at Arnaud's timetable on page 50. Which letters in French handwriting are written differently to the way they are written in your country?
2 Copy these words in French handwriting.

Français   Histoire   Géographie   Informatique

School in France
What have you learned so far about French schools?
3 Note the similarities and differences under the following headings:
- uniform
- timetable
- school day
- subjects

Challenge!
A Recopie ton emploi du temps en français.

B Parle de ton jour d'école préféré.
Describe your favourite day at school.
Exemple Le lundi, à neuf heures moins dix, j'ai français. J'aime le français. C'est super! À dix heures trente, on a …

Ça se dit comme ça!
je … j'ai … j'aime …

Refrain
Qu'est-ce que tu as le lundi?
Le mardi, le mercredi?
*** n'aime pas le vendredi.
Mon jour préféré, c'est le samedi.

Aujourd'hui, c'est lundi.
*** histoire et géographie.
*** l'histoire, c'est amusant,
La géographie, c'est pas marrant.
Refrain

Aujourd'hui, c'est mardi,
J'ai sport et technologie.
Oh! Le sport, c'est fatigant,
La technologie, c'est amusant.
Refrain

Aujourd'hui, c'est jeudi,
J'ai maths et biologie.
J'aime les maths, c'est génial,
Mais la biologie, c'est nul!
Refrain

Aujourd'hui, c'est samedi!
Pas de collège, l'après-midi.
Pas de physique, pas d'espagnol.
J'aime le week-end, c'est génial!
Refrain

1 Copy and complete the chorus and the verse for Monday with the correct words: **je/j'ai/j'aime**

2 How do you say these sentences? Listen to check your pronunciation.
a J'ai un dictionnaire.
b Je n'ai pas de stylo.
c J'aime les maths.
d Je m'appelle Jasmine.

C Regarde ton emploi du temps. Écris des phrases. Ton/Ta partenaire devine le jour.
Exemple Dans mon sac, j'ai une calculatrice. À neuf heures vingt, j'ai français.

3.5 Les verbes au présent

- Recognize and use French pronouns
- Recognize and use the present tense of -*er* verbs, *avoir* and *être*

À vos marques

Classe les mots en deux catégories.
Sort these words into two categories: subject and verb.

mon frère et moi | je | m'appelle
elle | est | Paul | a | vous
elle | avez | on | Alice et Isabelle
ma mère | habite | habitent
Natacha, Matthieu et Juliette | aime

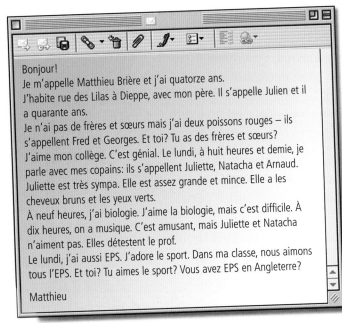

Bonjour!
Je m'appelle Matthieu Brière et j'ai quatorze ans.
J'habite rue des Lilas à Dieppe, avec mon père. Il s'appelle Julien et il a quarante ans.
Je n'ai pas de frères et sœurs mais j'ai deux poissons rouges – ils s'appellent Fred et Georges. Et toi? Tu as des frères et sœurs?
J'aime mon collège. C'est génial. Le lundi, à huit heures et demie, je parle avec mes copains: ils s'appellent Juliette, Natacha et Arnaud. Juliette est très sympa. Elle est assez grande et mince. Elle a les cheveux bruns et les yeux verts.
À neuf heures, j'ai biologie. J'aime la biologie, mais c'est difficile. À dix heures, on a musique. C'est amusant, mais Juliette et Natacha n'aiment pas. Elles détestent le prof.
Le lundi, j'ai aussi EPS. J'adore le sport. Dans ma classe, nous aimons tous l'EPS. Et toi? Tu aimes le sport? Vous avez EPS en Angleterre?

Matthieu

1a (LIRE ÉCOUTER) Lis et écoute cet e-mail. Vrai ou faux?
  a Matthieu a 13 ans.
  b Il habite avec ses parents.
  c Il habite à Dieppe.
  d Il a deux chiens.
  e Les copains de Matthieu s'appellent Jasmine, Antoine et Nathalie.
  f Le lundi, à dix heures, Matthieu a musique.

1b (ÉCRIRE) Corrige les phrases fausses.
Write the false sentences correctly.

1c (LIRE) Relis et trouve le français.
  a he is called
  b they are called
  c we have
  d they hate the teacher
  e we all like PE
  f Do you have PE in England?

ZOOM grammaire: *pronouns*

- Pronouns can replace nouns as the subject of a sentence.

  Matthieu — il
  mes trois frères — ils
  ma cousine — elle
  Nadia et Jasmine — elles

  NB Nadia, Jasmine et mon frère — ils

1 How many pronouns can you list in English and French?

2 Copy and complete.
je/j' =   nous = we
tu =   vous =
il =   ils =
elle =   elles =
on =

3 What do you notice about the words for "we" and "you" in French?

4 Match the French and the English.

elles aiment | il est | they like (feminine)
on a | ils aiment | we have | tu habites
I have | you live | they like (masculine)
he is | they speak (two girls and two boys)
I am | nous habitons | ils parlent
je suis | j'ai | we live

➜ 133

Zoom grammaire: *the present tense*

- All verbs in French and English have an infinitive:
  aimer = to like **parler** = to speak

- Most French verbs can be grouped under three types of infinitive: **-er**, **-ir** and **-re**.
  -er verbs are the most common.

1 Group these verbs under **-er**, **-ir** or **-re** verbs.

aimer écouter finir vendre choisir parler
jouer habiter danser vomir comprendre

- I speak English. (every day) **Je parle anglais.**
  I am speaking to Paul. (now) **Je parle à Paul.**

2 What do you notice about the present tense in English?

- To form the present tense of **-er** verbs:
  Remove the **-er** and add the following endings:
  parler

je parle	**nous parlons**
tu parles	**vous parlez**
il/elle/on parle	**ils/elles parlent**

3 Listen to the verb **parler**. What do you notice about the pronunciation of the endings? Repeat the verb until you are confident with it.

4 Following the pattern for **parler**, write out the verb **aimer**. Work out how to pronounce it and listen to check.

- There are verbs that don't follow a regular pattern in the present tense.
  The two most common irregular verbs are:

avoir – to have	**être** – to be
j'ai	**je suis**
tu as	**tu es**
il/elle/on a	**il/elle/on est**
nous avons	**nous sommes**
vous avez	**vous êtes**
ils/elles ont	**ils/elles sont**

5 Listen and use the chant to help you learn **être** by heart.

6 Listen and use this rhyme to learn **avoir** by heart.

J'ai, j'ai un perroquet
Tu as, tu as un petit rat
Il a, elle a, on a un chat
Nous avons, nous avons un éléphant
Vous avez, vous avez un chimpanzé
Ils ont, elles ont un caméléon!

➡ 135

Challenge!

A Relie les verbes aux infinitifs.
Match the verbs to the infinitives.

j'habite	avoir
je suis	habiter
ils aiment	être
il a	aimer

B Recopie et complète.

a je *** (être)
b on *** (écouter)
c ils *** (avoir)
d vous *** (parler)
e elles *** (aimer)
f nous *** (être)

C Complète avec le bon verbe.
Fill in the gaps with the correct form of each verb.

Bonjour! Je m'*** Sophie et j'*** treize ans.
J'*** un frère, Paul. Il *** intelligent.
Au collège, Paul *** les maths, mais il
n'*** pas le sport.
Nous *** à Dieppe en France.

ai ai aime aime appelle est habitons

1a Lis les questions et les règles du jeu.
Read the questions and the rules of
"Jeu du collège". Explain the rules to
your teacher/partner in English.

1b Joue au "Jeu du collège" avec un(e)
partenaire. Le but: arriver le premier/la
première.

Questions

C'est quelle matière? *C'est …*

Qu'est-ce que c'est? *C'est …*

Tu as un problème? *Je n'ai pas de …*

Tu aimes … ? *Oui/Non, c'est …*

Règles

Tu as un dé? Commence avec

Tu ne sais pas la réponse? Passe un tour.

Jeu du collège

3 Vocabulaire

Les objets	Classroom objects
un bâton de colle	a glue stick
un cahier	an exercise book
une calculatrice	a calculator
des ciseaux	scissors
un classeur	a file
un crayon	a pencil
un dictionnaire	a dictionary
des feutres	felt-tip pens
une gomme	a rubber
un livre	a book
une règle	a ruler
un sac	a bag
un stylo	a pen
un taille-crayon	a pencil sharpener
une trousse	a pencil case

En classe	Classroom language
Tu as un stylo?	Do you have a pen?
Oui, j'ai un stylo.	Yes, I have a pen.
Voilà.	Here it is.
Non, désolé(e), je n'ai pas de stylo.	No, I'm sorry, I don't have a pen.
Qu'est-ce que tu as dans ton sac?	What do you have in your bag?
Qu'est-ce que tu as dans ta trousse?	What do you have in your pencil case?
Dans mon sac, j'ai un classeur.	In my bag, I have a file.
Dans ma trousse, j'ai des feutres.	In my pencil case, I have some felt-tip pens.

Les jours de la semaine	Days of the week
lundi, mardi	Monday, Tuesday
mercredi, jeudi	Wednesday, Thursday
vendredi, samedi	Friday, Saturday
dimanche, le dimanche	Sunday, on Sundays

Les opinions	Opinions
C'est …	It's …
super	super
difficile	difficult
intéressant	interesting
nul	terrible
pas marrant	boring
fatigant	tiring
amusant	fun
génial	great

Les matières	School subjects
l'allemand (m)	German
l'anglais (m)	English
l'art dramatique (m)	drama
la biologie	biology
la chimie	chemistry
le dessin	art
l'espagnol (m)	Spanish
le français	French
la géographie	geography
l'histoire (f)	history
l'informatique (f)	ICT
les maths (f pl)	maths
la musique	music
la physique	physics
la religion	RE
les sciences (f pl)	science
le sport/l'EPS (f)	PE
Qu'est-ce que tu aimes au collège?	What do you like at school?
J'aime …	I like …
Je n'aime pas …	I don't like …

See pages 48–49 for a full list of clock times.

3 Podium

I know how to:

- ask someone what they have in their bag and pencil case: Qu'est-ce que tu as dans ton sac/ta trousse?
- talk about what classroom objects I have and don't have: Dans mon sac, j'ai un classeur, un dictionnaire … Je n'ai pas de ciseaux. Dans ma trousse, j'ai un stylo, une règle … je n'ai pas de calculatrice, etc.
- ask for classroom objects: Tu as un taille-crayon?
- ask which school subjects someone likes: Tu aimes les maths?
- say which school subjects I like and dislike: J'aime l'allemand. Je n'aime pas le sport.
- give opinions: C'est super, difficile, etc.
- ask what time it is: Il est quelle heure?
- say what time it is: Il est une heure, Il est deux heures moins dix, etc.

- say the days of the week: lundi, mardi, mercredi, etc.
- say when I have different subjects: Le lundi, à dix heures, j'ai maths.
- read a French timetable
- write a sentence in French
- recognize and use the different subject pronouns, including **on**
- recognize and use the present tense of **-er** verbs, **avoir** and être
- use classroom language I have learned on a regular basis in lessons
- use different strategies to learn new words

- use different strategies to improve my listening
- apply my existing knowledge of French sounds to pronounce new words
- recognize the different sounds **je, j'ai, j'aime**
- tell the difference between French handwriting and my own
- compare school in France and Britain

★ ★ ★ ★ ★ ★ ★ ★ ★ ★

Create a school alphabet in French:
A comme anglais, B comme bâton de colle, …

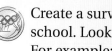

Create a survival guide for a non-French speaker visiting a French school. Look back at the work you've done in Units 1–3 to help you. For example: how to introduce yourself and say hello, useful classroom phrases, what you need to know about French schools, etc.

Create a rhyme to learn the present tense of être. Use the rhyme for **avoir** (page 53) as a guide.

4 Les passe-temps

- **Contexts**: sports; hobbies; places in town; weekend activities present and past
- **Grammar**: the present tense of *faire; aimer + noun, aimer + verb; aller + au/à la/en*; using verb tables; phrases in the past tense
- **Language learning**: using a bilingual glossary; how to ask questions; improving what you say; talking about past actions in class
- **Pronunciation**: comparing the present and the past

J'aime le tennis. Tu aimes le sport, Matthieu?

Oui, j'aime ça! J'aime le skate et le football et j'adore le vélo.

Tu aimes la musique?

Oui, c'est super! J'aime aussi la télévision et le cinéma.

 1a Regarde les photos. Écoute et lis les conversations. De quoi parlent Juliette et ses amis? Devine.

 1b Trouve quatre opinions et trois questions.

 1c Organise les passe-temps dans la grille.
Sort the nouns for the different hobbies into masculine and feminine words and note the English meaning.

masculine	feminine	English
tennis		tennis

 1d Relis les dialogues. Note tous les verbes. Compare avec un(e) partenaire.
Read the dialogues again. How many verbs can you find? Compare your answer with a partner.

Natacha:	J'aime surfer sur Internet. Et toi?
Juliette:	Non, je n'aime pas ça. Moi, j'aime l'équitation et la natation. Tu aimes le sport, toi?
Natacha:	Non, je déteste le sport, mais j'aime la danse.
Juliette:	Je n'aime pas ça! Tu aimes le cinéma et la télé? Moi, j'adore ça!
Natacha:	Non, je déteste le cinéma et la télévision, ce n'est pas marrant, mais j'adore l'ordinateur.
Juliette:	C'est vrai! Tu aimes surfer!

- Talk about what sports you play and don't play
- Give opinions about different sports
- Use the English–French section of a glossary to look up new words

À vos marques

a Lis les Mots-clés à haute voix.
b C'est quoi en anglais?

Mots-clés

Le sport à Dieppe

a l'équitation
b le skate
c le surf
d le vélo
e le patinage
f le football
g le tennis
h la voile
i la natation

1a Écoute. C'est quelle photo?
Exemple **1** = f

1b Réécoute. Note l'opinion. Regarde les Expressions-clés.

sport	opinion
football	♥ ♥

Exemple **1** = f ♥ ♥

2 Note trois sports en secret. Devine les sports de ton/ta partenaire.
Exemple   A: Tu aimes la voile?
B: Oui, j'adore ça!

B: Tu aimes le football?
A: Non, je n'aime pas ça!

Expressions-clés

Tu aimes la natation?

Oui!
♥ J'aime bien ça!
♥ ♥ J'adore ça!

Non!
✘ Je n'aime pas ça!
✘ ✘ Je déteste ça!

😐 Bof! Ça va.

3 Écoute les amis. Ils font quels sports?
Listen to Natacha, Matthieu, Juliette and Arnaud. Which sports do they play?
Exemple   Matthieu: skate, football, …

Zoom grammaire: *faire*

- **Faire** means literally "to make" or "to do" but it doesn't always translate like that in English.

1 Work out the English meaning of the following:
   a Je fais du foot.
   b Tu fais du sport?
   c Il fait du vélo.
   d Elle fait de l'histoire.
   e On fait du skate.
   f Nous faisons du patinage.
   g Vous faites de l'informatique au collège?
   h Ils font de la natation.

J'aime …	Je fais …	Je ne fais pas …
le football	**du** football	**de** football
la natation	**de la** natation	**de** natation
l'équitation	**de l'**équitation	**d'**équitation

2 Copy and complete.
   a Nous faisons *** natation.
   b Il ne fait pas *** patinage.
   c Je fais *** équitation.
   d Elle *** voile.
   e Tu ne *** pas *** football.
   f Vous *** surf?
   g Sophie et Paul *** tennis.

➜ 136

4a Lis cet e-mail et trouve cinq sports.

4b Fais une liste de tous les verbes.
List the verbs in the e-mail under two headings: *nous* and *vous*.

Guide pratique

Using a glossary ② (English–French)

- Use the glossary to find vocabulary that hasn't been listed on these pages.

1 Find the French for:
   a volleyball   **e** windsurfing
   b golf   **f** water ski-ing
   c rugby   **g** ice hockey
   d athletics   **h** rock climbing

- Remember to check the gender of the new sports to know whether to use **du**, **de la**, **de l'**. Example Je fais **de l'**escalade.

- Think about how to pronounce the French word. See *Ça se dit comme ça*, page 44.

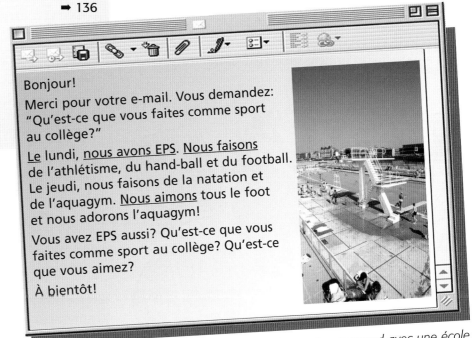

Bonjour!
Merci pour votre e-mail. Vous demandez: "Qu'est-ce que vous faites comme sport au collège?"
Le lundi, nous avons EPS. Nous faisons de l'athlétisme, du hand-ball et du football. Le jeudi, nous faisons de la natation et de l'aquagym. Nous aimons tous le foot et nous adorons l'aquagym!
Vous avez EPS aussi? Qu'est-ce que vous faites comme sport au collège? Qu'est-ce que vous aimez?
À bientôt!

Une classe de sixième du collège Marcel Proust correspond avec une école québécoise sur Internet.

Challenge!

A Recopie et complète.

Je fais *** foot et je fais *** danse. J'aime bien ça! Je fais aussi *** patinage, *** vélo et ***équitation!

B Qu'est-ce que tu fais comme sport? Donne ton opinion.
Which sports do you play? Give your opinion .
Exemple Je fais du rugby. J'adore ça!

C Écris une réponse à l'e-mail. Utilise les phrases soulignées.

- Talk about favourite hobbies
- Compare *aimer* + noun with *aimer* + verb
- Use the French–English section of a glossary

À vos marques

a Lis "Correspondance Mondiale".
Le texte s'adresse à qui?
Read "Correspondance Mondiale".
What sort of text is it? Who is it aimed at?
How can you tell?

b Tu trouves combien de mots apparentés
à l'anglais en trois minutes?
How many cognates (words that look
like English words) can you find
in three minutes? Which is the false friend?

1a Relie les images aux correspondant(e)s.
Match the pictures to the penfriends.

1b Écris la phrase pour chaque passe-temps.
Re-read "Correspondance Mondiale" and
find the phrase which gave you your
answer in **1a**.
Exemple   **a** J'aime les animaux.

Correspondance Mondiale

6307. J'ai 12 ans et je voudrais correspondre avec
une fille ou un garçon en Australie, Afrique ou Europe.
J'aime la nature et les sciences. J'aime faire du sport
et j'adore la lecture. À bientôt!
Thomas (Dordogne)

6308. J'ai 14 ans. Je cherche des correspondants.
J'aime les animaux et les jeux vidéo. Écrivez-moi!
Hélène (Moselle)

6309. J'aime aller au cinéma et au théâtre. J'adore
aussi danser. Je n'aime pas le collège. Ce n'est pas
marrant! Je parle anglais, français et arabe.
Khaled (Tunisie)

6310. J'ai 13 ans. Mon passe-temps préféré, c'est le
sport. J'aime surtout jouer au football et faire de
l'athlétisme. J'aime la musique (je joue de la guitare)
et la lecture (surtout les bandes dessinées comme
Astérix). Lucie (Martinique)

6311. J'ai 14 ans. Je voudrais correspondre avec
quelqu'un qui parle anglais. Moi, j'aime les voyages et
la lecture. J'aime aussi faire de l'équitation et aller à la
pêche. J'aime surfer sur Internet, mais je n'aime pas
regarder la télé. Je déteste le racisme. C'est nul!
Eddie (Paris)

Guide pratique

Using a glossary ③ (French–English)

- When there is more than one word to look up,
try to identify the noun (the key word).

1 Identify the noun in the following:
   a les jeux vidéo
   b les bandes dessinées
   c aller à la pêche
   d regarder la télé

2 Look up the noun to find the English.

2a Relie les Expressions-clés aux photos.

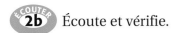

2b Écoute et vérifie.

3a Écoute Christine et note les passe-temps mentionnés.
Exemple   sport – football …

3b Relis "Correspondance Mondiale" et trouve un(e) correspondant(e) pour Christine.

4a Fais un sondage en classe: Qu'est-ce que tu aimes faire?

4b Écris les résultats.

Challenge!

A Recopie et adapte une petite annonce pour "Correspondance Mondiale" pour Charlie le chat.
Copy and adapt a small advert for "Correspondance Mondiale" for Charlie le Chat.

Expressions-clés

Qu'est-ce que tu aimes faire?
J'aime …

aller au cinéma.	écouter de la musique.
aller à la pêche.	regarder la télé.
retrouver des amis.	danser.
surfer sur Internet.	faire du sport.
jouer sur une console.	

ZOOM grammaire:
aimer + noun, aimer + infinitive of verb

1 Organize these sentences into two groups.

aimer + noun	aimer + infinitive of verb

a J'aime le skate.
b J'aime faire de la natation.
c Elle aime les animaux.
d Il aime jouer sur l'ordinateur.
e Tu aimes la musique?
f Nous aimons retrouver des amis.

2 What do the sentences mean in English? Check with a partner. Compare the French with the English. What do you notice?

3 Listen to Christine again. Note when she uses **aimer** + noun and **aimer** + infinitive of verb.

aimer + noun	aimer + infinitive of verb

4 Make up two more sentences to add to each column.
→ 139

B Écris ta petite annonce pour "Correspondance Mondiale".
Write your own penfriend advert for "Correspondance Mondiale".

C Relis "Correspondance Mondiale" et choisis un(e) correspondant(e). Pourquoi?
Exemple   Mon correspondant, c'est Eddie. Il aime les voyages, l'équitation et la lecture. Moi aussi!

- Discuss which places to visit in town
- Develop awareness of how questions are formed in French

À vos marques

Regarde les photos. C'est en France ou en Angleterre?
Discute avec ton/ta partenaire. Relie les photos aux Mots-clés.

1a Écoute Matthieu et Juliette. C'est quelle photo?

Exemple   **1** = j

1b Choisis une photo en secret. Ton/Ta partenaire devine.

Exemple   A: C'est le café?
B: Non.
A: C'est la plage?
B: Oui!

■■ Mots-clés ■■■■■■■■■■■■■■■■

le café	la plage
le cinéma	la bibliothèque
le parc	la crêperie
le club des jeunes	la piscine
le centre sportif	la ville

2 Continue ce poème.
Read and continue this poem.

Tu vas où, Christine?
Je vais à la piscine.
Tu vas où, Marc?
Moi, je vais au parc.

Aurélie crêperie

Asif centre sportif

Emma cinéma

Barnabé café

 3 Écoute et imagine la fin des phrases.
Écoute et vérifie!
Listen and imagine how to finish the sentence. Then listen to hear if you were right!

Guide pratique

Asking questions

1 Translate these questions into English. What do you notice?
  a Tu aimes écouter de la musique?
  b Tu aimes le foot?
  c Tu vas au cinéma?

2 How would you ask the following questions in French?
  a Are you going to the swimming pool?
  b Do you like swimming?
  c Do you go to the swimming pool on Mondays?

Challenge!

A Écris deux listes.

Je vais au	Je vais à la

B A commence. B complète la phrase.
A starts the sentence. B completes it.
Exemple A: J'aime la natation. Je vais …
B: … à la piscine.

ZOOm grammaire: aller à

To say where you are going use **aller** (to go) **à** + noun. **Aller** is another important irregular verb that you need to learn.

à + **le** = au **Je vais au cinéma.**
à + **la** = à la **Je vais à la piscine.**
Exception: **en ville**

Je vais au parc.
Je vais au cinéma.
Je vais à la piscine.
Je vais à la plage.

1 Fill in the gaps and translate these sentences into English.
  a Je vais *** plage.
  b Tu vas *** café?
  c Il va *** ville.
  d Elle va *** crêperie.
  e On va *** club des jeunes.
  f Nous allons *** parc.
  g Vous allez *** piscine?
  h Ils vont *** cinéma.
  i Elles vont *** centre sportif.

2 Copy out the present tense of **aller** in full and think of ways to learn it.

→ 136

C Recopie et complète avec **au**, **à la**, **du**, **de la**, ou **de l'**.

Ce matin, Julien et Laura vont *** centre sportif. Laura aime faire *** judo et elle aime aussi faire *** natation. Julien aussi est sportif! Il aime faire *** patinage et *** équitation.
L'après-midi, Julien et Laura vont *** plage. Julien aime faire *** voile et *** surf, et Laura aime faire *** planche à voile (brr!) et écouter de la musique.

4.4 C'est le week-end!

- Talk about what you do at the weekend
- Improve what you say
- Use verb tables effectively

À vos marques

a Voilà une liste de verbes à l'infinitif. Regarde les photos et cherche les verbes dans les textes.

Here is a list of verbs in the infinitive form. Look at the photos and find the verbs in the captions.

> aller   danser   écouter   faire
> jouer   regarder   retrouver   surfer

b Quels sont les verbes irréguliers?

Which verbs are irregular? How can you tell?

> Qu'est-ce que tu fais le week-end?

Matthieu Le samedi après-midi, je fais du sport – du tennis, du vélo, du foot … Le dimanche, je vais à la pêche.

Juliette Le samedi, je fais de l'équitation ou de la natation. Le soir, je regarde la télé et je vais au cinéma. Je retrouve aussi des amis au club des jeunes.

Natacha Le week-end, je joue sur une console et je surfe sur Internet. Quelquefois, je vais à une boum et je danse.

Arnaud Le week-end, j'écoute de la musique. Le dimanche matin, je fais de la voile ou du surf.

 1a Écoute et lis le texte. Trouve l'équivalent français de:

> at the weekend   on Saturdays   on Sundays   in the evenings   sometimes   on Saturday afternoons   on Sunday mornings

 1b Relis et note le moment et le passe-temps.

Exemple   Matthieu: samedi, faire du tennis

 1c Choisis une personne. Ton/Ta partenaire devine qui.

Exemple   A: Le week-end, je vais au cinéma.
B: Tu es Juliette!

■ ■ Expressions-clés ■ ■ ■ ■ ■ ■ ■ ■ ■ ■ ■ ■ ■ ■ ■

Qu'est-ce que tu fais le week-end?
Le week-end …
je danse
je regarde la télé
j'écoute de la musique
je joue sur une console
je surfe sur Internet
je retrouve des amis
je vais au cinéma
je vais à la pêche
je fais du sport

2a Écoute et complète une fiche (à droite) pour Damien, Anne et Rachid.

2b Complète une fiche pour toi.

2c Interviewe ton/ta partenaire et complète une fiche. Compare avec ta fiche.

ZOOm grammaire: *verb tables*

● What do you remember about the present tense?

1 Copy and complete.
  a Pierre *** la télé. (regarder)
  b Ils *** sur une console. (jouer)
  c Mon frère *** dix ans. (avoir)
  d Nous *** l'informatique. (aimer)
  e Tu *** du sport? (faire)
  f Christine *** sympa. (être)
  g Vous *** à Dieppe? (habiter)

● To check a verb, use the verb tables on pages 135–7.

Infinitive	Present
avoir (to have)	j'ai tu as il/elle a

2 Find the present tense of the following using the verb tables.
  a (manger) tu ***
  b (prendre) il ***
  c (boire) on ***
  d (prendre) ils ***
  e (boire) vous ***
  f (manger) elles ***

→ 135–7

Ce week-end, au club des jeunes de Dieppe, gagne un DVD!

C'est simple: complète une fiche et dépose-la dans la boîte à la réception!

Sondage sur les activités des jeunes le week-end	FICHE

Nom: ....
Âge: ....
Passe-temps: ....

Guide pratique

Improving what you say ①

● To speak more accurately and fluently:
  – learn your sound–spelling links
  – speak loudly and clearly
  – learn by heart short conversations with a partner

1 Learn by heart two of the four captions in activity 1.

2 Present what you have learned to your partner, who awards a mark out of 10 for accuracy and pronunciation.

3 Learn by heart your interview in activity 2c and perform it to the rest of the class.

Challenge!

A Recopie et complète pour Charlie.

Le week-end, je *** la télé, j'*** de la musique, je *** du sport et je vais ***.

B Écris une interview avec une star: Qu'est-ce que tu fais le week-end?

C Traduis en français.
Translate into French. Use the verb tables to check the verbs.

> I do sport at the weekend. I like swimming, cycling and football. On Saturday evenings, I go to the cinema. On Sundays, I meet my friends at the beach and we play volleyball or we go to the park.

4.5 Le week-end dernier

- Talk about what you did at the weekend
- Compare actions in the present and the past
- Discuss ways to talk about past actions in class

À vos marques

Trouve l'intrus et dis pourquoi.

a je il **elles** va
b suis **est** a sommes
c ai va as **ont**
d joué **dansé** surfé fait

Lundi à 8h30.

Juliette: Qu'est-ce que tu as fait le week-end dernier, Matthieu?

Matthieu: J'ai fait du sport!

Juliette: Comme tous les week-ends!

Matthieu: Oui, en général, je fais du sport. Le week-end dernier, j'ai fait du tennis et du foot. J'ai aussi fait du vélo.

Juliette: Et qu'est-ce que tu as fait hier soir?

Matthieu: Je suis allé à la pêche. Et toi? Qu'est-ce que tu as fait le week-end dernier?

Juliette: Samedi soir, j'ai retrouvé des amis et je suis allée au cinéma.

Matthieu: Au cinéma? Avec des amis? Sans moi! Et dimanche?

Juliette: J'ai regardé la télé et j'ai écouté de la musique. Euh, c'est tout.

 1a Lis. Trouve trois sports, quatre activités et deux questions.

 1b Trouve les Expressions-clés. Écoute la prononciation.

 2 Écoute Natacha et Arnaud. Qu'est-ce qu'ils ont fait le week-end dernier?

Listen to Natacha and Arnaud. What did they do last weekend?

Exemple Natacha: Internet, …

 3 Écoute ton/ta partenaire. Trouve la bonne image.

Exemple A: Qu'est-ce que tu as fait le week-end dernier?
B: J'ai fait du sport.
A: Image a.

■ **Expressions-clés** ■■■■■■■■■■■

	regardé	la télé
	dansé	à une boum
J'ai	surfé	sur Internet
Tu as }	joué	sur une console
	retrouvé	des amis
	écouté	de la musique
	fait	du sport
Je suis }	allé/allée	au cinéma
Tu es		à la pêche

 a
 b
 c
 d
 e
 f
 g
 h

ZOOm grammaire: *describing actions in the past*

1 Compare these sentences in the present and the past.

Present
En général, le week-end, je regarde la télé.
In general at the weekend, I watch TV.

Le samedi, je fais du sport.
On Saturdays I play sport.

Aujourd'hui, je vais au cinéma.
Today, I am going to the cinema.

Past
Le week-end dernier, j'ai regardé la télé.
Last weekend, I watched TV.

Samedi dernier, j'ai fait du sport.
Last Saturday, I played sport.

Hier, je suis allé au cinéma.
Yesterday I went to the cinema.

NB: when you are using **allé**, it must agree (**allée**) if the subject of the verb is feminine.

2 Think of ways to learn the past tense phrases in the *Expressions-clés* on page 66.

➡ 138

 4 Passé ou présent?
Read these sentences. Are they in the past or present? How can you tell?
  a Le soir, je regarde la télé.
  b Hier soir, j'ai regardé la télé.
  c Le week-end, je fais du foot.
  d Le week-end dernier, j'ai fait du foot.
  e Le samedi, je vais au cinéma.
  f Samedi dernier, je suis allé au cinéma.

Ça se dit comme ça!

Comparing the present and the past

1 Listen and note the difference in pronunciation.
  a En général, le week-end, je regarde la télé.
  b Le week-end dernier, j'ai regardé la télé.

2 Listen to the sentences. Present (PR) or past (P)?
  Example   1 P

3 Read aloud the sentences in activity 4.

Guide pratique

Talking about past actions in class

● Think of ways to practise talking about the past in your French lessons.

1 Number these in order of importance for you and add any other occasions when you could use past tense phrases in French.
  a to describe what you did at the weekend
  b to say what you did yesterday evening
  c to say what you have learned
  d to say what you've forgotten

2 List with a partner the past tense phrases you already use.

3 Learn two more by heart and use them in your next lesson.

Challenge!

A Complète avec les bons mots.

> En général, le week-end, je *** du sport. Le week-end dernier, par exemple, j'ai *** du tennis et j'ai *** du skate. Je suis aussi *** au parc et j'ai *** des amis. C'était super!

> retrouvé   fait   fais   fait   allé

B Interviewe des copains.
  Exemple   A: Qu'est-ce que tu as fait le week-end dernier?
  B: Je suis/J'ai …

C Décris un week-end extraordinaire.
  Exemple   En général, le week-end, *je fais du tennis*, mais le week-end dernier, *j'ai fait* du foot.

4 Étape

Le week-end, c'est super!

Tu vas où le week-end, Marc?

Je vais au club avec Anne,
Je retrouve aussi Laura et Antoine.
J'aime la musique et le vélo,
J'aime aussi les jeux vidéo.

Refrain
Le week-end, c'est super!
Le week-end, c'est sympa!
Le week-end, c'est génial!
Le week-end, moi, j'aime ça!

Tu vas où le week-end, Jeanne?

J'aime aller au cinéma,
Je retrouve Christelle et Amina.
J'aime bien les films de science-fiction,
Mais je préfère les films d'action!
Refrain

Tu vas où le week-end, Claire?

Moi, je vais au centre sportif,
Je retrouve aussi Clément et Asif,
J'aime beaucoup la natation,
Mais le football, c'est fatigant!
Refrain

1a Lis et écoute la chanson. Regarde les images. C'est à qui?
Read and listen to the song. Who do the pictures belong to?
Exemple **a** Claire

1b B ferme le livre. Qui dit ça?
B closes the book. A reads aloud a line from the song. B has to guess who it is. Then swap roles.
Exemple A: Je vais au club des jeunes.
B: C'est Marc.

1c Qu'est-ce que tu fais le week-end? Écris un couplet pour la chanson.
What do you do at the weekend? Write another verse for the song.
Exemple Tu vas où le week-end, Joe?
Je vais …

1d C'est lundi. Marc, Jeanne et Claire parlent du week-end passé. Fais des phrases.
Exemple A: Qu'est-ce que tu as fait le week-end dernier, Marc?
B: Je suis allé au club avec Anne, j'ai retrouvé …

4 Vocabulaire

Le sport	Sport
l'équitation	horse riding
le foot(ball)	football
la natation	swimming
le patinage	ice skating
le skate	skateboarding
le surf	surfing
le tennis	tennis
le vélo	cycling
la voile	sailing
Tu aimes la natation?	Do you like swimming?
Oui! Non!	Yes! No!
J'aime bien ça!	I like it!
J'adore ça!	I love it!
Je n'aime pas ça!	I don't like it!
Je déteste ça!	I hate it!
Bof! Ça va.	It's OK.

En ville	Places in town
la bibliothèque	library
le café	café
le centre sportif	sports centre
le cinéma	cinema
le club des jeunes	youth club
la crêperie	pancake house
le parc	park
la piscine	swimming pool
la plage	beach
la ville	town
Tu vas où?	Where are you going?
Je vais au parc.	I'm going to the park.
Je vais à la piscine.	I'm going to the swimming pool.

Qu'est-ce que tu fais le week-end?	What do you do at the weekend?
Le week-end …	At the weekend …
je vais au cinéma	I go to the cinema
je danse	I dance
je regarde la télé	I watch TV
j'écoute de la musique	I listen to music
je joue sur une console	I play on a games console
je vais à la pêche	I go fishing
je surfe sur Internet	I surf on the Internet
je fais du sport	I play sport
je retrouve des amis	I meet up with friends
le samedi	on Saturdays
le dimanche	on Sundays
le soir	in the evenings
quelquefois	sometimes
le samedi après-midi	on Saturday afternoons
le dimanche matin	on Sunday mornings

Qu'est-ce que tu as fait le week-end dernier?	What did you do last weekend?
Le week-end dernier …	Last weekend …
je suis allé(e) au cinéma	I went to the cinema
j'ai dansé à la boum	I danced at the party
j'ai regardé la télé	I watched TV
j'ai écouté de la musique	I listened to music
j'ai joué sur une console	I played on a games console
je suis allé(e) à la pêche	I went fishing
j'ai surfé sur Internet	I surfed on the Internet
j'ai fait du sport	I played sport
j'ai retrouvé des amis	I met up with friends

4 Podium

I know how to:

- ★ say what sports I do and don't do using faire de: Je fais du vélo, de la voile, de l'équitation, etc.
- ★ talk about sports I like and dislike: Tu aimes le foot? Oui! J'aime bien ça! Non! Je déteste ça! etc.
- ★ talk about favourite hobbies: Qu'est-ce que tu aimes faire? J'aime aller au cinéma. J'aime danser. etc.
- ★ ask what someone does at the weekends: Qu'est-ce que tu fais le week-end?
- ★ say what I do at the weekends: Le week-end, je vais au cinéma. Le samedi après-midi, je fais du sport.
- ★ say what I did at the weekend: Le week-end dernier, j'ai fait du vélo, j'ai regardé la télé, je suis allé(e) au cinéma, etc.
- ★ use the verb faire in the present tense
- ★ use aimer + noun and aimer + infinitive of verb: J'aime la natation. J'aime faire de la natation.
- ★ discuss which places to visit in town using aller à + place: Tu vas où? Je vais à la piscine. Je vais au parc, etc.
- ★ use verb tables to check the spelling of a verb
- ★ recognize and use past tense phrases
- ★ use the English–French section of a glossary to look up new words
- ★ use the French–English section of a glossary to check the meaning of words
- ★ form questions in the present tense: Tu aimes la natation? Tu vas à la piscine?
- ★ use different strategies to speak more accurately and fluently
- ★ use past tense phrases on a regular basis in class
- ★ tell the difference between the present and the past tenses in speech

★ ★ ★ ★ ★ ★ ★ ★ ★ ★

Imagine: you are going to the best holiday camp in France. Design a week's programme of events.

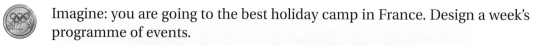
Imagine: you decide to take part in a phone-in on a French radio programme to win a holiday to Disneyland Paris. Create a role-play using the language you have learned in Units 1–4. Learn it by heart and present it to the rest of the class, who award marks out of 10 for accuracy and pronunciation.

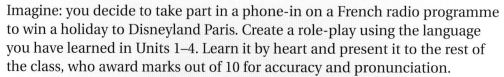
Create a board game using the language you have learned in Units 1–4. See the Tour de France game on page 18 and Jeu du collège on page 54 for inspiration! Then play your board game to see if it works.

3-4 Révisions

||||▶ **Regarde d'abord les pages 43–70.**

1a Fais une liste de six objets qui commencent par la lettre C.
Make a list of six objects in the photo starting with the letter C.
Exemple classeur …

1b A dessine un sac avec cinq objets. B devine.
A draws a bag with five objects in it.
B guesses what they are.

B ⟶ *Tu as des ciseaux?*

A ⟶ *Oui, j'ai des ciseaux./Non, désolé(e).*

2 Qui est Max?

> **Max**
>
> J'ai treize ans. J'habite à Dieppe. Mon anniversaire est en automne. J'ai un frère mais je n'ai pas de sœurs, et j'ai un chat. Au collège, j'aime le français et l'informatique. Je déteste les maths. Le week-end, je vais à la piscine ou au club des jeunes. Je n'aime pas regarder la télévision mais j'adore écouter de la musique et je joue du piano.

Le numéro un a douze ans.
Le numéro cinq a un chat.
Le numéro deux habite à Dieppe.
Le numéro trois n'habite pas à Dieppe.
Le numéro quatre aime le français.
Le numéro deux n'aime pas les maths.
Le numéro un aime écouter de la musique.
L'anniversaire du numéro quatre, c'est le 24 octobre.
L'anniversaire du numéro cinq, c'est le 3 avril.
Le numéro trois a un cheval.
Le numéro deux aime beaucoup écouter de la musique.
Le numéro quatre aime regarder la télévision.

3a Relie les phrases aux images a–i.

1 faire du tennis
2 regarder la télévision
3 surfer sur Internet
4 faire de la voile
5 écouter de la musique
6 faire du football
7 faire de l'équitation
8 faire du patinage
9 aller à la pêche

3b Tu fais ça? Fais deux listes.

oui	non
Je surfe sur Internet.	Je ne fais pas de voile.

3c Joue avec un(e) partenaire.
Play three-in-a-row with a partner. Say you do the activity to place your counter on a symbol.

3d Écoute et relie les jeunes aux activités.
Listen and note the symbol letters to show which activities Laurence, Patrick, Charlotte and Pierre did last weekend.
Exemple Laurence: g, …

4a Écris une phrase pour chaque jour.
Write a sentence for each day of the week.
Exemple Lundi, je vais au centre sportif.

4b A pense à un endroit, B devine.
A thinks of a place from the diary,
B guesses which.
Exemple B: Tu vas à la piscine?
A: Non.
B: Tu vas au café?
A: Oui.

Activités pour tout le monde

5 Bon appétit!

- **Contexts:** food and drink, cafés, meals, numbers 70–100, prices, quantities
- **Grammar:** *du/de la/des, ne … pas de/d', aller* + infinitive
- **Language learning:** recording vocabulary, improving written and oral work, checking written work
- **Pronunciation:** *u* and *ou*
- **Cultural focus:** politeness, the euro

1a Regarde les photos 1–7. Tu as déjà mangé ça? C'est quoi? Discute.
Discuss the photos in English with a partner. Have you ever eaten any of the food? What is each called?

1b Relie les photos et les noms.

a des chocolats

b un croissant

c une quiche lorraine

d une baguette

e une salade niçoise

f un couscous

g des moules marinière

1c Écoute et vérifie.

1d Recopie la liste par ordre de préférence.
List the seven items in the order you'd like to try them.

5.1 J'ai soif!

- Talk about what you would like to drink
- Ask what someone would like to drink
- Say "please" and "thank you"

À vos marques

Écoute. Regarde les photos. Ils sont où?
Ils font quoi?

Listen and look at the photos. Where are
Juliette and Arnaud? What are they doing?

1

*J'ai soif!
Je voudrais un
coca. Qu'est-ce
que tu veux?*

*Je voudrais un
jus d'orange.*

2

*Un coca et un
jus d'orange,
s'il vous plaît.*

À trois, lisez la conversation à
haute voix. Changez de rôles.
Read the conversation aloud in
groups of three. Take turns to play
the different parts.

3

*Voilà, un coca et
jus d'orange!*

Merci.

Merci.

Point culture

Being polite

please = **s'il vous plaît** (or **s'il te plaît** to a friend)
thank you = **merci**

If someone asks if you would like something and
you want to accept it, say "**Oui, s'il vous plaît**" or
"**Oui, je veux bien**". If you reply "**merci**" on its own,
it means "No, thank you".

▪▪ Expressions-clés ▪▪▪

Qu'est-ce que tu veux?

Je voudrais …

un coca

un jus d'orange

une limonade

un verre d'eau

un diabolo-menthe

un chocolat chaud

un café

un milk-shake

un thé au lait

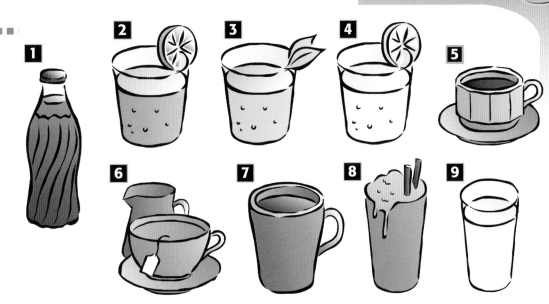

2a Relie les Expressions-clés aux images.
Exemple   Le numéro un, c'est un coca.

2b Écoute. Note la boisson désirée.
Listen and make a note of the drink each person wants.
Exemple   1: 5, 3 …

2c Jette deux dés et demande des boissons.
Throw two dice. Ask for drinks so the number of the pictures adds up to the total on the dice.
Exemple   A: Qu'est-ce que tu veux?
B throws 3 + 6 (= 9):
→ Je voudrais un diabolo-menthe (= 3) et un thé au lait (= 6), s'il vous plaît.
or → Je voudrais un coca (= 1) et un milk-shake (= 8), s'il vous plaît.

2d Fais une liste des neuf boissons par ordre de préférence.

Challenge!

A Écris le nom des boissons correctement.
Work out the names of the drinks and write them out properly.

a   un café

b   un chocolat chaud

c   un verre d'eau

d   un jus d'orange

B Ferme le livre et écris les neuf boissons de mémoire.
Shut your book and write out the names of the nine drinks from memory.

C Écris une conversation au café. Change les détails soulignés. Ensuite, jouez la conversation à trois.
Write a dialogue in a café. Change the underlined details. Then act out the dialogue in groups of three.

Exemple

A: J'ai soif! Je voudrais une limonade. Qu'est-ce que tu veux?

B: Je voudrais un coca.

A: Une limonade et un coca, s'il vous plaît.

C: Voilà, une limonade et un coca.

A/B: Merci.

5.2 Quelque chose à manger

- Talk about food
- Use *du*, *de la* and *des*
- Record vocabulary

À vos marques

a Lis le nom des aliments dans le frigo à haute voix.
Read out loud the names of the food items.

b Fais deux listes: On mange/On boit. Écoute et vérifie.
List them under the headings "On mange" (we eat) and "On boit" (we drink). Listen to check.

PARLER 1 A note six aliments. B demande six aliments. Ensuite, changez de rôles.
A secretly lists six of the items in the fridge. B asks for six things. If they are on A's list, B wins a point. Then swap round.

Exemple B: Je voudrais du lait.
A: Non. Je n'ai pas de lait.
B: Je voudrais du beurre.
A: Oui. Un point!

LIRE 2a Relie.

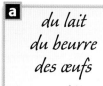

a
du lait
du beurre
des œufs

1

b
du fromage
des tomates
de la confiture

2

c
du lait
du jambon
des yaourts

3

PARLER 2b "J'ai mangé"/"J'ai bu". A dit un aliment. B dit le bon panier.
A names a food item. B says the basket it's in.

Exemple A: J'ai mangé du fromage.
B: Panier 2.

■■ Mots-clés ■■■■■■■■■■■■■

du lait · de l'eau minérale · un concombre · du fromage · des yaourts · des tomates · des carottes · du jambon · de la confiture · des œufs · du beurre · du poulet

Ça se dit comme ça!

u and ou

1 Listen to the sound **u** and repeat:
a Du pain, du fromage, un jus d'orange.
b J'ai bu un verre d'eau.
c Le restaurant est dans cette rue.

2 Listen to the sound **ou** and repeat:
a Le poulet, s'il vous plaît, et un vin rouge.
b J'aime le chou.
c Je voudrais un coca.
d Au café, on joue au baby-foot.

Guide pratique

Building your own vocabulary bank

You need to build up your stock of words. For instance, if your favourite food or drink is not here:

A Look it up in the English–French glossary in this book or an English–French dictionary.

B In a notebook, write the word with its gender (m or f).

C Write sentences using it, with **le/la/les**, **un/une/des** and **du/de la/des**.

Example

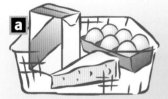

fish = poisson (m.)
J'adore le poisson.
J'ai mangé un poisson énorme.
Je voudrais du poisson.

1 Think of three things you like to eat. Follow ABC above to write sentences with the French equivalents.

3 Regarde les paniers a–d. Écris les listes.

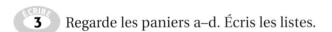

ZOOm grammaire: du, de la, des

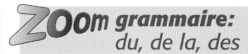

Je voudrais **du** chocolat.

Je voudrais **de la** confiture.

Je voudrais **des** carottes.

Vous avez **de la** confiture?

1 What do **du**, **de la**, **des** mean in the sentences above?

2 Where have you met **du** and **de la** before?

3 Copy and complete the speech bubble.

> Au supermarché, je voudrais *** lait, *** fromage, *** confiture, *** tomates, *** jambon et *** œufs.

● Use **le**, **la** or **les** for food in general.
J'aime le chocolat et la confiture.

● Use **du**, **de la** or **des** (or **un/une**) to be more specific or to mention a certain quantity.
J'ai du chocolat et de la confiture.
Je voudrais du chocolat/de la confiture.

➡ 130

Challenge!

A Arrange les mots pour faire des phrases.
Rearrange the words to make sentences.
Exemple **a** Charlie aime le lait.
a Charlie/lait/le/aime
b confiture/je/la/de/voudrais
c carottes/mangé/j'ai/des
d jambon/j'ai/des/et/du/œufs

B Trouve le français. **Du**, **de la** ou **des**?
Look up these words in the glossary.
Exemple apple = *pomme (f)*
a rice **b** lemon **c** spinach **d** pizza

C Fais des phrases.
Make up sentences using these words. (Change the verbs in the infinitive to the right form for your sentence.)
Exemple fruits/détester →
Mon frère déteste les fruits.
a oranges/manger
b jambon/aimer
c confiture/adorer
d thé/boire
e poulet/manger
f coca/détester

5.3 Au café

- Order snacks
- Discuss what you are going to eat
- Improve your speaking and writing

À vos marques

Lis le dialogue. Trouve: quatre boissons, six choses à manger, cinq verbes.
Read the dialogue. Find: four drinks, six things to eat, five verbs.

 Écoute et lis la conversation. Note les commandes de chaque personne.
Listen and read the conversation. Note down what each person orders.

 Trouve l'équivalent en français:
a I'm hungry.
b I'd like an ice-cream.
c a cheese sandwich
d a chocolate pancake
e Is that all?

 Vrai ou faux?
a Matthieu va manger un sandwich au fromage.
b Juliette voudrait une glace au chocolat.
c Arnaud n'aime pas la pizza.
d Natacha voudrait une crêpe.
e On n'a pas de croissants.

 Corrige les phrases qui sont fausses.
Correct the sentences that are false.

 Écris cinq phrases pour "vrai ou faux?" et échange avec un(e) partenaire.
Write five more true/false sentences to swap with a partner.

 Jouez la conversation à trois.

■■ Expressions-clés ■■■■■■■■■■■■■■■■

Je vais manger …
un croissant
un croque-monsieur
un pain au chocolat
un sandwich au fromage
un sandwich au jambon

une pizza
une glace à la vanille
une glace à la fraise
une glace au chocolat
une crêpe au chocolat

Natacha:	Je voudrais un café et un pain au chocolat, s'il vous plaît.
Serveuse:	Désolée! On n'a pas de pains au chocolat.
Natacha:	Alors, je vais manger un croissant.
Arnaud:	Et moi, je voudrais une pizza et un coca, s'il vous plaît.
Serveuse:	Très bien.
Juliette:	Je vais manger une glace. Vous avez quels parfums?
Serveuse:	Glace à la vanille, glace au chocolat ou glace à la fraise.
Juliette:	Je voudrais une glace à la fraise, s'il vous plaît, et une limonade.
Matthieu:	Moi, je préfère les glaces au chocolat … mais je ne mange pas de glace aujourd'hui. Moi, je vais manger un sandwich.
Serveuse:	Au fromage ou au jambon?
Matthieu:	Euh … un sandwich au fromage, s'il vous plaît. Et je vais boire un jus d'orange …
Serveuse:	Très bien. C'est tout?
Matthieu:	Non. J'ai faim. Je voudrais une crêpe au chocolat … et un croissant … et …
Tous:	Matthieu!

une salade

un hot-dog

un hamburger

une limonade

 PARLER ÉCRIRE 2

Avec un(e) partenaire, commandez les aliments illustrés.

Make up a dialogue with a partner where you order the food and drink pictured on the right.

Exemple   Je voudrais … Je vais manger …
Je vais boire …

ZOOm grammaire:
aller + infinitive

Je **mange** un hamburger.

Je **vais manger** un hamburger.

(= action is happening now)

(= action will happen in the future)

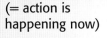 **je vais manger** = I am going to eat

1 Translate these sentences using a part of **aller** + infinitive into English.

a Je vais manger un hot-dog.
b Tu vas boire du thé?
c Il va faire du foot.
d Elle va aller à la piscine.
e On va manger un couscous.
f Nous allons faire du sport.
g Vous allez regarder la télé?
h Ils vont surfer sur Internet.
i Elles vont aller au café.   → 139

Guide pratique

Improving what you say (or write) ②

Adapt basic sentences by:
- changing keywords to fit what you want to say:
Je voudrais <u>une pizza</u>. ⇒ **Je voudrais <u>un sandwich</u>.**

- adding more detail:
Je voudrais un sandwich. ⇒ **Je voudrais un sandwich <u>au fromage</u>.**

- being polite:
Je voudrais une pizza. ⇒ **Je voudrais une pizza, <u>s'il vous plaît, madame</u>.**

- adding a reason or opinion:
Je voudrais un jus d'orange. ⇒ **<u>J'ai soif!</u> Je voudrais un jus d'orange. <u>J'aime beaucoup le jus d'orange.</u>**

1 Improve this conversation using some of the tips above.
– Je voudrais une glace.
– Moi, je vais manger une crêpe.
– Et un coca.
See also page 65.

Challenge!

A Recopie et complète la bulle.

Je *** manger un sandwich *** fromage, une glace *** la vanille et je *** boire un *** d'orange.

B Adapte la conversation, p.78 (voir Guide pratique).

C Que faire le week-end? Écris une conversation.
Exemple A: Samedi matin, je vais faire du foot. Tu vas retrouver des amis?
B: Oui, je vais …

5.4 Les repas

- Talk about meals – when you have them and what you eat
- Say what there is and isn't
- Check your written work

À vos marques

Trouve les aliments. "Du", "de la" ou "des"?
Rearrange the letters to find the food words.
Spell them out loud and say if it's *du*, *de la* or *des*.

Dans le frigo, il y a:
a telpou   **d** ocsaetrt
b recoitunf   **e** elgac
c sancorsist   **f** majnob

Juliette décrit ce qu'elle mange dans la journée.

Le matin, je prends mon petit déjeuner à sept heures. Je mange des tartines à la confiture. J'aime la confiture à la fraise. Le week-end, je prends aussi des céréales ou des croissants, ça dépend. Je bois un jus d'orange ou du lait.

À midi, je mange à la cantine du collège. On mange, par exemple, des carottes râpées et du poulet avec du riz. Comme dessert, je mange un fruit. Normalement, on boit de l'eau.

À cinq heures, je prends un goûter. Je mange du pain et si j'ai faim des chocos, et je bois du coca ou de l'eau minérale.

Le soir, au dîner, on prend de la soupe, du poisson ou de la viande et des légumes. On boit de l'eau.

 1a Écoute et lis. Regarde les photos: c'est quel repas? Le petit déjeuner? Le déjeuner? Le goûter? Le dîner?
Listen and read the letter. Look at the photos. Which meal is pictured: breakfast, lunch, afternoon snack or dinner?

 1b Recopie la grille et complète en anglais.

Meal	Time	Food	Drink
breakfast			
lunch			
afternoon snack			
dinner			

 1c Écoute. Vrai ou faux?

 1d A est Juliette et dit un aliment. B dit le repas.
Exemple   A: Je bois un jus d'orange.
            B: C'est le petit déjeuner.

ZOOm grammaire:
ne … pas de/d'

Je n'ai pas de frères.

Il n'y a pas de confiture.

Je n'ai pas de stylo.

Il n'y a pas d'œufs.

1 Look at the sentences above. What do the following words change to after **ne … pas**?

un, une, des ⎫
du, de la, des ⎭ ⟫ ?

Before a vowel (including **y**) or an **h**, **de** = **d'**:
Il n'y a pas _d'_œufs. Je n'ai pas _d'_oranges.

2 Copy and complete the bubble.

> Zut! Il n'y a pas *** chips, il n'y a pas *** pain et il n'y a pas *** fromage. Il y a *** beurre, mais il n'y a pas *** biscuits. Ah … il y a *** pommes!

➡ 140

Guide pratique

Checking written work

● Check spellings you are not sure of in the glossary at the back of this book or a dictionary.
● Check whether nouns are masculine or feminine, singular or plural and that they have the right determiner in front of them: **un, une** or **des**? **le, la** or **les**? **du**, **de la** or **des**? etc.

1 Check Charlie's poem for him. Rewrite it correcting the six mistakes.

> Le matin, je voudrais manger
> du jambun et de la poulet
> et des pain au chocolat et
> je vais prendre une tasse de thé.
>
> À midi, j'aime boire de la coca
> et manger un grande pizza.
> Ce soir, je vais prendre de la poisson
> et une grande tarte au citron.

1e "Je prends", "on prend" en anglais?

2 Écris ce que tu manges aux différents repas. (Voir les Expressions-clés.)
Write what you eat at different mealtimes.

▪▪ Expressions-clés ▪▪▪▪▪▪▪▪▪▪▪▪▪▪▪▪▪▪▪▪▪▪▪▪▪▪▪

Le matin	au petit déjeuner	je mange	des tartines
À midi	au déjeuner	je prends	du poulet
L'après-midi ⎫		je bois	du coca
À quatre heures ⎭ au goûter		on mange	du pain
Le soir	au dîner	on prend	de la soupe
		on boit	de l'eau

Challenge!

A Recopie les mots en trois listes: le petit déjeuner, le déjeuner, le dîner.

le thé au lait	le fromage
la confiture	les croissants
du lait	la soupe
le riz	une salade
le poulet	les carottes
un sandwich	du poisson

B Lis la liste. Écris des phrases.
Read the list below. Write sentences saying what is there and what's not.
Exemple Il y a des oranges. Il n'y a pas d'œufs.

oranges	pommes X	bananes
carottes X	baguette	beurre
confiture X	œufs X	fromage X
jus d'orange X		

C Décris les repas d'une semaine typique.

5.5 Ça coûte combien?

- Count from 70 to 100
- Talk about prices
- Describe quantities of food and packaging
- Learn about the euro

15	67	29
31	54	48
40	16	62

À vos marques

Jeu du morpion: joue avec la classe ou avec un(e) partenaire.
Play number noughts and crosses as a class, or in pairs.

■■Mots-clés■■■■■■■■■■■■■■■■■■■■■

70   soixante-dix
(71   soixante et onze,   72   soixante-douze, …)
80   quatre-vingts
(81   quatre-vingt-un,   82   quatre-vingt-deux, …)
90   quatre-vingt-dix
(91   quatre-vingt-onze, 92   quatre-vingt-douze, …)
100   cent

 1a Lis les Mots-clés et écoute les nombres 70–100.

 1b Dis les nombres à haute voix.

a 100		**f** 78
b 70		**g** 83
c 80		**h** 95
d 90		**i** 87
e 71		**j** 99

2a Lis la brochure à droite. Écoute. C'est le bon prix?
Look at the brochure. Listen. Are the prices quoted correct?

 2b A demande les prix, B donne les prix.
Exemple   A: Ça coûte combien, le thon?
              B: Ça coûte 3 euros 80.

2c Explique les offres spéciales. (Voir les Expressions-clés.)
Write about the special offers in the leaflet.
Exemple   Un paquet de bonbons coûte …
              Cinq tranches de jambon coûtent …

Offres spéciales!

grand paquet de bonbons 2,95€

20% GRATUIT

kilo de carottes 0,85€

part de pizza 2,78€

100 grammes de pâté 4,95€

boîte de thon 3,80€

5 tranches de jambon 2,50€

4 bouteilles de limonade 2,70€

Folies

■■Expressions-clés■■■■■■■■■■■■■■■

un paquet	de biscuits/de bonbons/de chips
une bouteille	d'eau minérale/de limonade/de coca
deux tranches	de jambon
une boîte	de thon/de petits pois/de sardines
100 grammes	de fromage/de pâté
un kilo	de tomates/de pommes/de carottes
une part	de pizza/de tarte au citron

Point culture

France and the euro

The euro arrived in France on 1 January 2002. The old money (French francs) was withdrawn from circulation on 1 July 2002. One euro is divided into 100 cents (called **centimes** in French). There are seven notes: 5, 10, 20, 50, 100, 200 and 500 euros.

There are eight coins: 1, 2, 5, 10, 20 and 50 cents and 1 and 2 euros.

 3 Prépare un pique-nique. Explique ce que tu vas acheter.

Explain to your partner what you are going to buy for a picnic.

Exemple Je vais acheter une grande bouteille de limonade, trois paquets de biscuits.

 4a Écoute et lis. Réponds en anglais.
a What fruit do they buy? How much?
b How much does it cost?
c How much pizza do they buy?
d How much does it cost?
e What happens at the end?

 4b À trois, jouez les rôles.

Challenge!

A Écris correctement le message de Charlie. Traduis.
Copy out Charlie's message properly. What does it mean?

Pourlepique-niquejevaisacheteruneboîtedesardines200grammesdepâtéetunegrandebouteilledelimonade.

Au supermarché: Juliette et Matthieu font des achats pour un pique-nique.

Juliette:	Tu as des pommes?
Matthieu:	Non. On prend un kilo de pommes?
Juliette:	Oui.
Matthieu:	Ça coûte combien?
Juliette:	Deux euros le kilo. Ça va?
Matthieu:	Oui … Et la pizza? Tu as la pizza?
Juliette:	Euh, non. C'est là-bas. Ça coûte combien, la pizza?
Matthieu:	Ça coûte 1 euro 60 la part.
Juliette:	Alors, quatre parts … ça fait 6 euros 40, non?
À la caisse …	
Caissière:	Ça fait 18 euros 75, s'il vous plaît.
Matthieu:	Ah non!
Caissière:	Il y a un problème?

B Jeu de mémoire!
Play a memory game with a partner.
Exemple A: Au supermarché, je vais acheter du pain.
B: Au supermarché, je vais acheter du pain et du lait.
A: Au supermarché, je vais acheter du pain, du lait et des chips.
B: …

C Invente la fin de la conversation entre Juliette, Matthieu et la caissière.
What do you think the problem was in the conversation above? Make up an ending.

Bon appétit, tout le monde!

1
Le matin, dans la cuisine,
Nous, on mange des tartines,
On boit du lait
Ou du chocolat chaud.

Refrain
On mange des spaghetti en Italie,
En Chine, on mange du riz,
On boit du coca aux USA,
Mais nous, on préfère le chocolat.

2
À midi, à la cantine,
Nous, on mange des sardines,
De la purée,
Des œufs ou du poulet.
Refrain

3
À quatre heures, pour le goûter,
Nous, on aime prendre du thé,
Un verre de lait
Ou de l'eau, s'il vous plaît.
Refrain

4
Le soir, quand je suis chez moi,
On mange de la pizza,
Et du jambon
Et une tarte au citron.
Refrain

 1 Lis et écoute la chanson. Trouve les choses à boire/à manger. Fais deux listes.
Read and listen to the song. Make two lists of the things in it you can eat and drink.

On boit	On mange
de l'eau	des tartines

 2a Trouve les expressions équivalentes dans la chanson.
Find the French equivalents for these English expressions in the song.
a we eat sardines
b we drink milk
c people eat spaghetti in Italy
d they eat rice
e we like to have tea

 2b What do you notice about the French and the English?

 3 Recopie et complète.

En cuisine, chaque pays a sa spécialité.
Par exemple, on *** du riz en Chine et on
mange des spaghetti en ***. Moi, le matin,
au ***, je mange des tartines et je *** du
lait ou du chocolat chaud. À midi, ***
mange à la cantine: du poulet, des œufs ou
*** sardines. Pour le goûter, on boit ***
thé, du lait ou de l'eau. Pour le dîner, je
mange *** pizza et du jambon.

on   bois   mange   des   Italie
de la   petit déjeuner   du

Vocabulaire

Qu'est-ce que tu veux?	What would you like?
Je voudrais …	I'd like …
un coca	a coke
un jus d'orange	an orange juice
une limonade	a lemonade
un verre d'eau	a glass of water
un diabolo-menthe	a peppermint lemonade drink
un chocolat chaud	a hot chocolate
un café	a coffee
un milk-shake	a milk-shake
un thé au lait	a tea (with milk)
s'il te plaît/s'il vous plaît	please
merci	thank you

On mange/boit …	We eat/drink …
du fromage	cheese
des tomates	tomatoes
du jambon	ham
du beurre	butter
du poulet	chicken
des œufs	eggs
de la confiture	jam
des carottes	carrots
un gâteau	a cake
un concombre	a cucumber
du lait	milk
de l'eau minérale	mineral water

Je vais manger …	I'm going to eat …
une glace à la vanille/au chocolat/à la fraise	a vanilla/chocolate/strawberry ice-cream
un sandwich au fromage/au jambon	a cheese/ham sandwich
une crêpe au chocolat	a chocolate pancake

Le matin, au petit déjeuner, je mange des tartines.	In the morning, for breakfast, I eat bread and butter.
À midi, au déjeuner, je prends du poulet.	At midday, for lunch, I have chicken.
L'après-midi, au goûter, je mange du pain.	In the afternoon, for a snack, I eat bread.
À quatre heures, on boit du coca.	At 4 o'clock, we drink coke.
Le soir, au dîner, on prend de la soupe.	In the evening, for dinner, we have soup.

un paquet de biscuits/de sucre/de chips	a packet of biscuits/sugar/crisps
une bouteille d'eau minérale/de limonade/de coca	a bottle of mineral water/lemonade/coke
deux tranches de jambon	two slices of ham
une boîte de thon/de petits pois/de sardines	a tin of tuna/peas/sardines
100 grammes de fromage/de pâté	100 grams of cheese/pâté
un kilo de tomates/de pommes/de carottes	a kilo of tomatoes/apples/carrots
une part de pizza/de tarte au citron	a slice of pizza/lemon tart

5 Podium

I know how to:

- say I'm thirsty and hungry: J'ai soif. J'ai faim.

- say what I'd like to drink: Je voudrais du thé/un jus d'orange, etc.

- ask someone what they'd like: Qu'est-ce que tu veux?

- be polite when asking for things: add **s'il vous plaît/s'il te plaît; merci** to conversations

- say what I like to eat and drink (in general):
  J'aime le chocolat et le thé.

- order snacks: Je voudrais une glace à la fraise. Je vais manger un croissant.

- say what I eat and drink at each meal: Au petit déjeuner, je mange des tartines et je bois du lait. Au déjeuner, je mange du poisson et je bois de l'eau. Au goûter … Au dîner …

- count up to 100

- ask how much something costs: Ça coûte combien?

- say how much something costs: Ça coûte X euros.

- describe quantities of food and packaging: une bouteille de limonade, un paquet de biscuits, etc.

- say what I'd like to eat using **du, de la, de l', des**: Je voudrais du lait, de la confiture, de l'eau minérale, des carottes.

- say what I'm going to eat using **aller** + infinitive:
  Je vais manger un sandwich.

- say what there is/isn't: Il y a des tomates mais il n'y a pas de carottes.

- build my vocabulary using an English–French glossary or dictionary

- adapt and improve a conversation

- check my writing for spelling mistakes and correct gender of nouns

- recognize the different sounds **u** and **ou**

- describe French money

Design a menu for a French lunch at your school.

Imagine: write an e-mail to send to a French school. Explain what sort of things pupils in your class eat/drink on a typical day.

Imagine: you are at a French café. Plan and write a role-play. Then swap with your partner and suggest five ways to improve it. Choose the best role-play, learn it by heart and perform it in front of the class, who award marks out of 10 for range of language, accuracy and pronunciation.

6 Chez moi

- **Contexts**: weather, house and home
- **Grammar**: prepositions; revision of adjectives
- **Language learning**: improving your written work
- **Pronunciation**: liaisons, enumeration
- **Cultural focus**: French-speaking countries

1a Écoute. Vrai ou faux?

Exemple   Nice, c'est dans le sud de la France. = Vrai

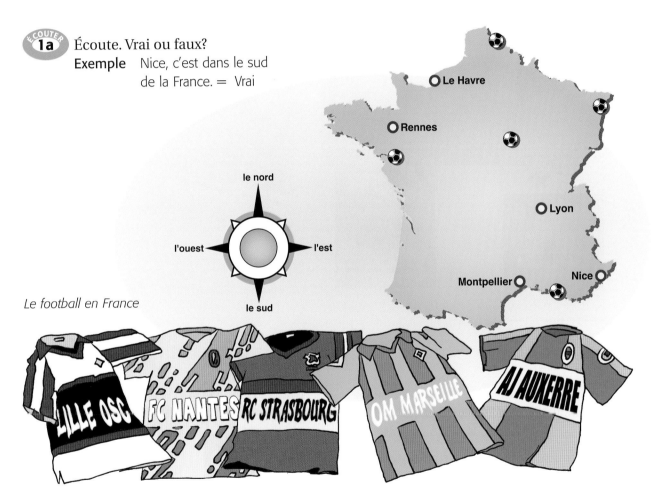

Le football en France

1b Où sont ces équipes de foot? Dans le nord, le sud, l'est, l'ouest ou dans le centre?

Do you know where these football teams are in France?

1c Écoute et vérifie!

6.1 Quel temps il fait chez toi?

- Talk about the weather
- Learn about climate in Francophone countries

À vos marques

Regarde les photos de quatre jeunes francophones.
Devine: c'est où? C'est quelle saison?
Work out where and when the photos were taken.

en France   au Québec   au Sénégal
en Nouvelle-Calédonie

au printemps   en été   en automne
en hiver

1

Luc

2

Fatou

3

François

4

Sophie

 1a Fais des phrases pour chaque jeune.
Exemple   Sophie habite … [*pays*].
Elle a pris la photo … [*saison*].

1b Réécoute. Note le numéro des Expressions-
clés, p. 89.
Exemple   Sophie: 4, …

 2 Décris les saisons chez toi.
Say what the weather is like where you live,
according to the seasons.
Exemple   En Irlande, en été, il pleut souvent
et quelquefois il fait chaud; en
automne, en général il pleut;
en hiver, …!

■■ **Rappel** ■■■■■■■■
en Angleterre
en Écosse
en Irlande
au pays de Galles

3a Lis la météo. Regarde les cartes. C'est quel jour?
Read the weather forecast for France. Which day is it for?

La météo de la journée

Belle journée dans l'ouest de la France: il y a du soleil, il fait chaud mais il y a un peu de vent.

Dans le nord, il fait gris et il y a du brouillard. Prudence aux automobilistes.

Dans tout l'est du pays, il fait froid, il neige et il gèle en montagne. Là aussi, prudence sur les routes.

Dans le sud, il pleut et il y a de l'orage.

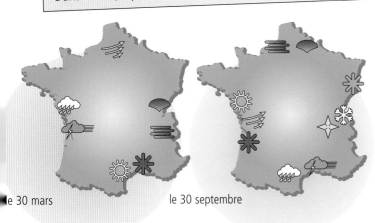

le 30 mars   le 30 septembre

 3b Explique la météo pour l'autre carte.
Give the weather forecast for the other map.

Exemple   Dans le sud de la France, il fait beau et chaud.

 *Challenge!*

A Charlie dit le temps qu'il fait aujourd'hui. Écris sa bulle.
Charlie gives the weather report for today. Write what he has to say.

■ ■ **Expressions-clés** ■ ■ ■ ■ ■ ■ ■ ■ ■

Quel temps il fait?

Il fait beau:

1 il fait chaud   **2** il y a du soleil

Il ne fait pas beau:

3 il fait froid   **4** il fait gris

5 il y a du vent   **6** il y a du brouillard

7 il y a de l'orage   **8** il pleut

9 il neige   **10** il gèle

Point culture   **French-speaking countries**

- French is the official language of France (and its 10 overseas territories), Monaco and 12 African states.
- It is an official language of Canada, Belgium, Switzerland, Luxembourg, six African states, three island states in the Indian Ocean and one in the Pacific.
- It is widely spoken in northern Africa, South-East Asia and parts of the southern USA.

1 Why do so many countries speak French?

B Écris le temps qu'il va faire aujourd'hui dans ta ville.
Write the report for today's weather in your town.

C Note le temps qu'il va faire dans le pays aujourd'hui. Présente le bulletin à la classe.
Write and present a forecast for today's weather throughout the country.

- Describe where you live
- Talk about what there is in your home town
- Improve your ability to read aloud

- ■ grande ville
- ● petite ville
- • village

À vos marques

Regarde la carte. A décrit la position d'une ville, B devine la ville.

Look at the map. A says where a town is, B works out which town it is.

Exemple　A: C'est dans le nord.
　　　　　　B: Lille!

 1a Écoute. Qui habite où?

Listen. Who lives where?

Exemple　Camille: Ussel

Clément

Camille

Salut! Je m'appelle Camille. J'habite à Ussel. C'est une petite ville dans le centre de la France.

Guillaume

Mélanie

Malika

 1b A décrit une ville. B devine laquelle.

A describes a place, B works out which one.

Exemple　A: C'est un village dans le sud de la France.
　　　　　　B: C'est Valliguières!

 1c Réécoute. Recopie et complète la bulle pour chaque jeune.

*Je m'appelle ***.
J'habite à ***. C'est ***
dans *** de la France.*

 2 Et toi, tu habites où? Utilise les Expressions-clés.

■■ Expressions-clés ■■■■■■■■■■■■■■■■■

J'habite à …
C'est …
une petite ville
une grande ville
un village

dans l'ouest/l'est/le nord/le sud/le centre
le sud-est/le sud-ouest/le nord-est/le nord-ouest
de la France
de l'Angleterre
de l'Écosse
de l'Irlande
du pays de Galles

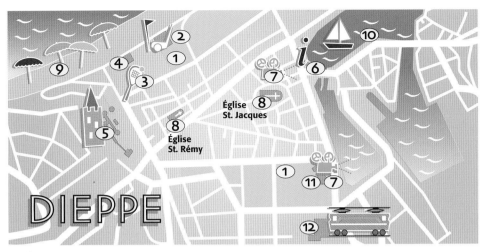

1	aire de jeux
2	mini-golf
3	tennis
4	piscine
5	château (musée)
6	office de tourisme
7	cinéma
8	église
9	plage
10	port
11	centre culturel
12	gare SNCF

DIEPPE

Église St. Jacques

Église St. Rémy

3a Écoute les huit conversations et regarde la légende. C'est *un* ou *une*?

Listen and look at the key. What is the gender of each place?

Exemple   cinéma = un cinéma

3b Réécoute. C'est vrai ou faux?

Exemple   **1** faux (il y a deux cinémas)

4 Qu'est-ce qu'il y a dans ta ville? Écris cinq phrases. La classe dit vrai ou faux.

Exemple   – Ici, il y a un port.
          – Non, c'est faux, il n'y a pas de port.

▪ ▪ **Expressions-clés** ▪ ▪ ▪ ▪ ▪ ▪ ▪ ▪ ▪ ▪

Est-ce qu'il y a un/une/des … à *[ville]*?

Oui, il y a un/une/des …

Non, il n'y a pas de/d'…

Qu'est-ce qu'il y a à *[ville]*?

Il y a un château, quatre piscines, etc.

Ça se dit comme ça!

Liaisons

The **-s** at the end of **les** or **des** or the **-n** at the end of **un** or **on** is silent when the word that follows starts with a consonant, but if it starts with a vowel the **-s** or **-n** is often pronounced:

des (z)animaux   on (n)entend

It is the same for words ending in **-n**, **-t**, **-x** and **-f**:

C'est en (n)Angleterre.

Où est-(t)il?

Il a neuf (v)ans.

NB: no liaison after **et**: **Luc et Anne**

1 Read these sentences aloud. Make liaisons where needed.

   a Voici mes amis.
   b Aujourd'hui, j'ai vingt ans.
   c Il va en Écosse et en Irlande.
   d C'est un petit animal.
   e Je me fais de bons amis.

2 Listen and check.

Challenge!

A Recopie et complète la bulle.

J'*** à Chatville. *** dans le nord-ouest de la France. Ici, *** un port, une plage et des piscines … Je déteste la natation.

B Compare deux villes: tu préfères laquelle?

Compare two towns. Which do you prefer?

Exemple   À X, il y a un cinéma mais à Y, il n'y a pas de cinéma.

C Où habite ta famille? Donne trois détails.

Write sentences with three details about where your relatives live.

- Talk about where you live
- Develop your ability to use prepositions

À vos marques

Quiz famille. C'est qui?

a C'est le père de ta mère.

b C'est la fille de ton beau-père.

c C'est la sœur de ton frère.

d C'est la mère de ton père.

e C'est le fils de ta belle-mère.

f C'est le fils de ton père.

C'est la Saint-Valentin

1a Lis et écoute la conversation.

1b Qui habite là?
Who lives there?

Exemple a C'est Juliette. Elle habite au rez-de-chaussée.

Fleuriste:	Je cherche Mademoiselle Julie Fratellini. Elle habite dans cet immeuble.
Juliette:	Non, il n'y a pas de Julie Fratellini ici. Moi, je m'appelle Juliette Frontelli et j'habite au rez-de-chaussée avec ma grand-mère. Mon copain Matthieu Brière habite au premier étage. Mon copain Arnaud Darriet habite au deuxième étage et ma copine Natacha Delanoé habite au troisième étage.
Fleuriste:	Alors, les fleurs sont pour toi! Bonne Saint-Valentin, Juliette!

■■ Expressions-clés ■■■■■■■■■

J'habite	au rez-de-chaussée
Il/Elle habite	au premier étage
	au deuxième étage
	au troisième étage

Les photos de Juliette

Mon père habite dans un camping-car à la campagne, au Canada.

Mon frère habite dans un appartement dans un immeuble en ville, en France.

Ma sœur habite dans une maison en banlieue parisienne.

Mon correspondant Hassan habite dans une ferme dans un village, au Sénégal.

 2a Écoute Juliette et sa famille. C'est qui?

 2b A choisit une identité. B pose des questions et devine. A répond oui ou non.

■■ Expressions-clés ■■■■■■■■■■■■■■■■

J'habite	dans un appartement	à la campagne
Tu habites	dans un immeuble	en ville
Il/Elle habite	dans une maison	en banlieue
On habite	dans une ferme	dans le centre-ville
Nous habitons	dans un camping-car	dans un village
Vous habitez		à Paris
Ils habitent		en France
Elles habitent		au Canada
		au Sénégal

ZOOm grammaire: *Prepositions*

1 What prepositions do you use in English to say where you live? Fill in the gaps.
   a I live *** London.
   b I live *** a flat/a house/a town/a village.
   c We live *** a farm.
   d I live *** France and he lives *** Canada.

2 Write the corresponding French sentences. What do you notice? When do you use **dans**, **en**, **à la**, **à**, **au**, no preposition?

➡ 132

Challenge!

A Recopie et complète la bulle!

J'h*b*t* d*ns *n ch*t***, d*ns *n v*ll*g*, * l* c*mp*gn*.

B Décris où tu habites (au moins quatre détails).
   Exemple J'habite à Canterbury, dans le sud-est de l'Angleterre. J'habite au premier étage dans un immeuble en banlieue.

C Répète le plus vite possible!
   Say this as fast as you can!

Henri Houllier habite à Honfleur dans un hôtel horrible près de l'hôpital avec huit hamsters hystériques, mais il est heureux!

6.4 Visite au château

- Describe in detail where you live
- Improve your written work

À vos marques

Trouve huit noms de pièces dans l'histoire.
Find eight names for rooms in the photo story.

1 Salut! C'est Jasmine. Je suis reporter pour Équipe! Aujourd'hui, je suis à Dieppe.

2 Bienvenue au château de Miromesnil, Jasmine.

Merci. Le château est très beau.

3 Voici la salle à manger.

Elle est grande!

4 C'est le salon? C'est confortable.

C'est un salon. Il y a trois salons au château.

5 Voici la cuisine.

Elle n'est pas très moderne.

6 Elle est belle, la chambre!

Il y a 17 chambres ici!

7 Voici la salle de bains.

Elle est petite! Où sont les toilettes?

8 Ici, au sous-sol, il y a une cave.

C'est super pratique!

9 Et voici le jardin.

Il est joli. C'est super ici!

10 Oui, c'est très agréable. Une visite au château de Miromesnil, c'est sympa!

1a Écoute et lis.

1b Joue les rôles avec un(e) partenaire.

PARLER 2 Décris le château, p. 94.

Exemple Au sous-sol, il y a une cave.

ÉCRIRE 3a Dessine ta maison idéale (en secret). Écris le nom des pièces.

ÉCOUTER PARLER 3b A écoute la description de B et dessine le plan. Comparez les plans et changez de rôle.

A listens to B's description and draws. Compare plans and swap roles.

Exemple A: C'est comment chez toi?
B: J'habite dans une maison.
Il y a trois étages.
Au rez-de-chaussée, il y a …

LIRE ÉCRIRE 4a Trouve huit adjectifs, p. 94.

List eight adjectives used to describe rooms on page 94.

Exemple beau, grande, …

ÉCRIRE 4b Écris le masculin et le féminin pour chaque adjectif.

Write the masculine and feminine forms of each adjective.

Exemple beau/belle

ÉCOUTER ÉCRIRE 5 Juliette décrit l'appartement à sa cousine Céline. Note les pièces, puis la description.

Zoom grammaire: adjectives 4

1 What do you notice about these adjectives?

une cuisine pratique   une petite chambre
un jardin agréable   une jolie cuisine
un beau salon   un grand jardin

→ 131

Challenge!

A Recopie et complète les adjectifs.

> Chez moi, il y a un b*** salon, une salle à manger très a*******, une cuisine m******, trois g****** chambres, une salle de bains très p*******, une p***** cave et un j*** jardin.

■■ **Expressions-clés** ■■■■

C'est comment, chez toi?
Chez moi, il y a …
une cave
un salon
une salle à manger
une chambre
un bureau
une cuisine
une salle de bains
des toilettes
un jardin
Il n'y a pas de cave/de salon, etc.

Guide pratique

Improving your written work

Use this checklist to check your written work for mistakes:

- Basic punctuation? (capital letters, full stops)
- Have you written clearly?
- Spellings – are there any words that you have trouble spelling correctly? (Look back at your work over the past year and note down any words that you regularly misspell.)
- Accents and apostrophes (check spellings in the glossary, page 146, or in a dictionary)
- Gender (if unsure about the gender of a noun check it in the glossary, page 146)
- Verb agreements (check the verb tables, page 136)
- Adjective agreements (see the *Zoom grammaire*, page 33, or the grammar section, page 130)

B Décris là où tu habites. Suis les conseils du Guide pratique.

Write a description of where you live, and read it out. Follow the advice in *Guide pratique*.

C Comment imagines-tu la maison de ta star préférée? Écris une description.

How do you imagine your favourite star's home to be? Write a description.

6.5 Ma chambre

- Talk about what is in your bedroom
- Improve your French intonation
- Develop your ability to use prepositions to describe where things are

À vos marques

a Range les mots: *determiners; pronouns; nouns; adjectives; verbs; prepositions*
Write down the words under each label.

b Fais des phrases avec les mots.
Make up sentences with the words.
Exemple J'habite dans un grand appartement en ville.

joli · je · il · campagne
avoir · elle · nous
habiter · petit · à · la · dans
en · une maison · agréable
ville · un appartement · grand

1 **LIRE PARLER** Lis les Mots-clés. Relie-les aux photos.
Work out how to say the words and match them to the photos.

■■Mots-clés■■■

- un bureau
- une lampe
- une chaise
- des étagères (f)
- un ordinateur
- un tapis
- des coussins (m)
- une armoire
- une commode
- un lit

2 **ÉCOUTER** Écoute et note les lettres des objets dans la chambre de Juliette.

3 **ÉCRIRE PARLER** Imagine la chambre idéale de ton/ta partenaire et écris. Pose des questions.
Exemple A: Qu'est-ce que tu as dans ta chambre idéale? Tu as un lit?
B: Oui, j'ai un lit.
A: D'accord. Il y a un ordinateur?
B: Oui/Non, etc.

Ça se dit comme ça!

Enumeration

1 Copy this description. Listen and draw arrows above the words to show when the voice goes up and when it goes down.

Example Dans ma chambre, il y a un lit, une armoire, … des étagères.

> Dans ma chambre, il y a un lit, une armoire, un coussin, un tapis, une commode, un bureau, un ordinateur, une lampe, une chaise et des étagères.

2 Read the *Mots-clés* aloud, starting: **Dans ma chambre, il y a …** . Remember the intonation!

4a C'est la chambre de Natacha ou de Matthieu?
Écoute et vérifie.

4b Invente un mime pour chaque préposition.

4c Réécoute. Fais les mimes quand tu entends les prépositions.
Listen again and mime when you hear the prepositions.

4d A pose des questions (livre ouvert). B répond (livre fermé).
A asks questions about the room, B closes the book and
answers from memory.

Exemple A: Où est la lampe? B: Elle est sur la commode.
A: Où sont les livres? B: Ils sont sur les étagères.

■■ Mots-clés ■■■■■■■■■■■■■■■■■■■■■■■■■■■■

orange		rouge(s)	●	vert/verte(s)	
marron		jaune(s)		noir/noire(s)	●
rose(s)		bleu/bleue(s)	●	blanc/blanche(s)	○

■■ Mots-clés ■■■■■■■■■■■■■■■■■■■■

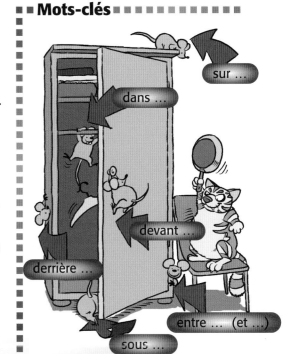

sur …
dans …
devant …
derrière …
entre … (et …)
sous …

Challenge!

A Fais la liste des meubles dans ta chambre idéale.
Write a list of the furniture in your ideal bedroom.
Exemple Dans ma chambre idéale, il y a …

B Recopie et complète la description de la chambre.
Copy and fill in the room description.

C Décris ta chambre: tu as quels meubles? Ils sont
comment? Ils sont où?
Write a description of your bedroom: furniture,
colour, where things are.

> Dans la chambre, il y a un mur *** et un mur ***. L'armoire et le lit
> sont ***. La commode, les étagères, la chaise et le coussin sont ***.
> Le tapis est ***. Le bureau est ***. La lampe est ***.

6 Étape

1a Lis la lettre. Corrige les phrases suivantes.
  a Étienne a seize ans.
  b Étienne est roux et il a les cheveux longs.
  c Étienne est fils unique.
  d Étienne déteste les maths et les sciences.
  e Il aime jouer au foot.
  f Il fait froid en Guadeloupe.

1b Recopie et complète une fiche pour Étienne.

Nom ....
Prénom ....
Âge ....
Famille ....
École ....
Matières préférées ....
Passe-temps ....
Habite où? ....
Climat ....

1c Écris une fiche pour toi.

1d Écris une lettre comme Étienne. Utilise les éléments soulignés dans sa lettre pour t'aider.
Write a letter to Étienne using the underlined phrases. Use the checklist in *Guide pratique* on page 95 to check what you have written.

Bonjour! Je m'appelle Étienne Laferrière. J'ai 15 ans. Je suis français. J'habite en Guadeloupe. C'est une île aux Antilles. C'est à 7200 kilomètres de la France mais c'est un département français. Ici, on parle français et créole.

Je suis assez grand et mince. Je suis brun avec les cheveux courts et frisés et j'ai les yeux marron.

Dans ma famille, il y a ma mère, mon beau-père, mes deux sœurs, mon petit frère et moi. Mon père est mort.

Je vais au collège Eugène Yssap, à Sainte-Anne.

Mes matières préférées sont les maths et les sciences.

Pendant mon temps libre, j'aime beaucoup aller à la plage, faire de la planche à voile et du vélo et fabriquer des maquettes d'avion.

J'habite à Sainte-Anne: c'est une petite ville. C'est dans le sud-est de l'île, à environ 30 minutes de la capitale, Pointe-à-Pitre. Ici, il y a des plages vraiment super! L'eau est calme et il y a plein de poissons! Ici, le temps est super. Il fait toujours beau en Guadeloupe! Il y a du soleil et il fait chaud. Quelquefois, il pleut et il y a des orages ou des ouragans. Mais en général, il fait beau. C'est agréable.

6 Vocabulaire

C'est comment, chez toi?	What is your place like?
en banlieue	in the suburbs
à la campagne	in the country
dans le centre-ville	in the town centre
dans un village	in a village
en ville	in town
à Paris	in Paris
en France	in France
au Canada / au Sénégal	in Canada/Sénégal

un bureau	a study/office
une cave	a cellar
une chambre	a bedroom
une cuisine	a kitchen
un jardin	a garden
une salle à manger	a dining room
une salle de bains	a bathroom
un salon	a sitting room
des toilettes	a toilet

une armoire	a wardrobe
un bureau	a desk
une chaise	a chair
une commode	a chest of drawers
un coussin	a cushion
des étagères (f)	shelves
une lampe	a lamp
un lit	a bed
un ordinateur	a computer
un tapis	a carpet

dans …	in …
derrière …	behind …
devant …	in front of …
entre … (et …)	between … (and …)
sous …	under …
sur …	on …

Qu'est-ce qu'il y a à …?	What is there in …?
Il y a un/une/des …	There is/are …
Il n'y a pas de …	There isn't/aren't …
une aire de jeux	a playground
un centre culturel	a cultural centre
un cinéma	a cinema
une église	a church
une gare SNCF	a railway station
un musée	a museum
un office de tourisme	a tourist office
une piscine	a swimming pool
une plage	a beach
un port	a harbour

Tu habites où?	Where do you live?
J'habite à …	I live in …
C'est …	It's …
une petite ville	a small town
une grande ville	a big town
un village	a village
dans l'ouest/l'est	in the west/east
dans le nord/le sud	in the north/south
dans le centre	in the centre
de la France	of France
de l'Angleterre	of England
de l'Écosse	of Scotland
de l'Irlande	of Ireland
du pays de Galles	of Wales

un appartement	a flat
un camping-car	a camper van
une ferme	a farm
un immeuble	a block of flats
une maison	a house

au sous-sol	in the basement
au rez-de-chaussée	on the ground floor
au premier étage	on the first floor
au deuxième étage	on the second floor
au troisième étage	on the third floor

6 Podium

I know how to:

* ask what the weather is like: Quel temps il fait?
* say what the weather is like: il fait beau, il y a de l'orage, etc.
* say where I live: J'habite à Liverpool. C'est une grande ville dans le nord-ouest de l'Angleterre.
* say what there is in my home town: À Liverpool, il y a des cinémas, deux cathédrales. Il n'y a pas de plage.

* describe where I live: J'habite dans un appartement en ville. J'habite au premier étage.
* describe where someone else lives: Il/Elle habite une ferme à la campagne.
* ask what it's like where someone lives: C'est comment, chez toi?
* describe in detail the place where I live: Chez moi, il y a une petite salle à manger, deux chambres agréables, etc.
* describe my room in detail: Il y a un lit, une armoire bleue. Je n'ai pas d'ordinateur.
* use prepositions correctly to say where people live
* put French adjectives in the correct position

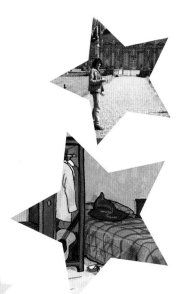

* use prepositions to describe where things are: La lampe est sur le bureau. La chaise est devant l'étagère, etc.
* use a checklist to improve what I've written
* make liaisons when speaking in French
* use French intonation to list things: Dans ma chambre, il y a un lit, une armoire, … et des étagères.
* say where French is spoken

★ ★ ★ ★ ★ ★ ★ ★ ★ ★

Imagine: you are Juliette. Write an e-mail to introduce yourself to your new penfriend Hassan. Include information about yourself, where you live, what you look like, your personality, your family and friends, your hobbies, your school, what you like to eat. Look back over Units 1–6 for the information. When you have written your e-mail swap with a partner and suggest five ways to improve it.

 40 words

 80 words

 150 words

5-6 Révisions

IIII▶ **Regarde d'abord pages 73–100.**

1 Écris la liste des courses.
Write the shopping list.
Exemple un paquet de chips

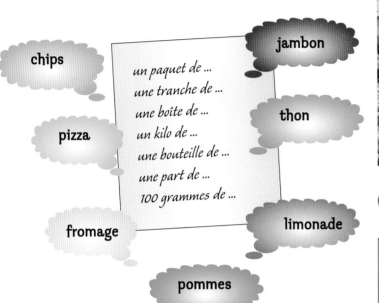

chips

jambon

thon

pizza

un paquet de ...
une tranche de ...
une boîte de ...
un kilo de ...
une bouteille de ...
une part de ...
100 grammes de ...

fromage

limonade

pommes

2a Écoute la conversation. C'est au café ou au supermarché?
Listen to the conversation. Is it in a café or a supermarket?

2b Réécoute. Réponds en anglais.
a What does the woman want to drink?
b What does the man want to drink?
c What type of sandwich is not available?
d What does he order instead?
e What flavour ice-cream does the girl ask for?
f What is she going to drink?

3 Avec un(e) partenaire, jouez la conversation.

– **Je voudrais** **, s'il vous plaît.**

– **Très bien.**

– **Et je vais manger**  **.**

– **Désolé!**

– **Alors, je vais prendre** **, s'il vous plaît.**

– **et** ... **C'est tout?**

– **Et aussi** **.**

4a Décris la chambre.

Exemple   Le lit est bleu.

4b Et dans ta chambre? Explique.

Say what colour the things in your bedroom are.

5a Regarde la maison de Monsieur Bizarre. Vrai ou faux?

a Il y a une lampe dans la chambre.

b Le lit est dans la cave.

c La radiocassette est dans les toilettes.

d Monsieur Bizarre mange dans le salon.

e Il regarde la télévision dans la salle de bains.

5b Réponds aux questions.

a Où est la lampe?

b Où est le chat?

c Où est le coussin?

d Où sont les étagères?

e Où est le téléscope?

f Où est l'armoire?

g Où est la guitare?

h Où est l'ordinateur?

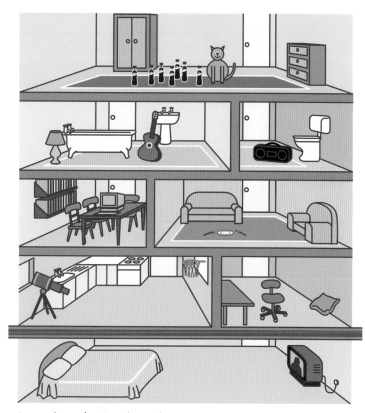

La maison de Monsieur Bizarre

6a Écoute et lis. C'est quel paragraphe?

Listen and read. Match the headings below to the three paragraphs of Khalida's e-mail.

a Les repas

b Le climat

c Chez moi

6b Lis le message de Khalida. Réponds aux questions pour elle.

Read Khalida's message. Answer the questions for her.

a Tu habites où?

b Il y a combien de pièces?

c Chez toi, c'est comment?

d Il fait quel temps dans ta ville généralement?

e Il fait quel temps aujourd'hui?

f Qu'est-ce que tu fais quand il fait beau?

g Qu'est-ce que tu prends au petit déjeuner?

h Qu'est-ce que tu manges le soir?

i Qu'est-ce que tu aimes manger?

6c À toi de répondre aux questions!

Now give your own answers to the questions.

7 Lis les notes. Écris le message de Marc.

Develop the notes below to write a message from Marc.

Ici Khalida, à Marseille. Marseille est une très grande ville dans le sud de la France. J'habite dans un appartement en ville. L'appartement est au troisième étage. Il y a trois chambres, une cuisine, un salon, une salle de bains et des toilettes. L'appartement n'est pas très moderne mais il est assez grand.

Généralement, à Marseille, il fait beau et chaud. Mais aujourd'hui, il ne fait pas beau. Il fait gris et il pleut. Je préfère le soleil! Quand il fait beau, j'aime aller à la piscine ou à la plage.

En ce moment, on fait le Ramadan. On prend le petit déjeuner à cinq heures du matin. On mange des céréales, du pain et des fruits. En général, je bois du lait. Après, on ne mange pas et on ne boit pas avant le soir. Le soir, on mange un bon repas. J'aime beaucoup le poulet et la pizza.

12 ans (anniversaire = 13 octobre)

petit, mince

blond, cheveux courts

une sœur (Constance, 16 ans) + un frère (Nicolas, 10 ans)

aime: maths, anglais, télé, football

habite: grand appartement à Paris

mange: céréales, sandwichs, poulet, frites, pizza

boit: coca, thé

1a Choisis les bonnes bulles pour Charlie!
Choose the right bubbles for Charlie.

1 ***
Salut!

a Bonjour, madame. **b** Salut!

2 ***
Je m'appelle Chara.

a Tu t'appelles comment? **b** Tu t'appelles Charlie?

3 ***
À Chamonix.

a Ça va? **b** Tu habites où?

4 ***
J'ai 15 ans!

a Moi aussi. **b** Tu as quel âge?

5 ***
C'est le 12 juin.

a C'est quand, ton anniversaire? **b** À bientôt!

6 ***
Oui, j'ai une souris!

a Tu as un animal? **b** C'est qui?

1b Écris la conversation.
Write out the dialogue.

1c Jouez la conversation à deux.
Act out the dialogue in pairs.

1 En plus

1a Mets la conversation dans l'ordre.
Rearrange the conversation in the right order.

Sylvain   *Commence ici*   Luc

a Salut!
b Non, je n'ai pas d'animal.
c Tu t'appelles comment?
d J'ai douze ans. Et toi?
e Tu as un animal chez toi, Luc?
f Moi, je m'appelle Sylvain.

g Tu as quel âge, Sylvain?
h Je m'appelle Luc. Et toi?
i Salut!
j Oui, j'ai un chien. Et toi?
k Moi, j'ai onze ans.

1b Écoute et vérifie.
Listen and check.

1c Lisez la conversation à deux.
Read the dialogue in pairs.

2a Recopie et complète la fiche de Fatira.
Copy and fill in Fatira's form.

Nom _____
Âge _____
Ville _____
Anniversaire
Animaux _____

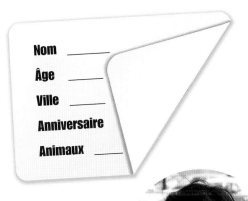

Bonjour! Je m'appelle Fatira Belamri. J'ai treize ans. Mon anniversaire, c'est le 2 novembre. J'habite à Toulouse. J'ai un chien.

2b Lis les fiches. Écris le message de Romain, Morgane et Tuyen.
Read the forms and write a message for each.

Nom: *Romain Allouche*
Âge: *11 ans*
Ville: *Metz*
Anniversaire: *20/7*
Animaux: *2 hamsters*

Nom: *Morgane Dubois*
Âge: *14 ans*
Ville: *Bayonne*
Anniversaire: *25/6*
Animaux: *3 perruches*

Nom: *Tuyen Van Trong*
Âge: *12 ans*
Ville: *Lille*
Anniversaire: *16/5*
Animaux: *1 chat, 2 poissons exotiques*

2c Fais ta fiche et écris ton message.
Fill in a form for yourself and write a message.

2 Encore

 Écoute. Recopie et complète la grille.
Listen to Ali, Chloé, Max, Sophie and Luc.
Copy and complete the grid.

Nom	Couleur de cheveux	Style
Ali	Brun	Courts et frisés

 Regarde les photos. Décris les cheveux de chaque personne.
Look at the photos. Describe each person's hair.

Exemple Elle est blonde. Elle a les cheveux courts et frisés.

 Choisis trois adjectifs pour décrire chaque personne.
Choose three adjectives to describe each person.

Exemple Elle est travailleuse, intelligente et sympa.

 Présente les membres de cette famille.
Imagine this is your family. Present them, using the underlined phrases in the example. Remember: use *il* to describe men, *elle* to describe women.

Exemple C'est ma mère. Elle est blonde. Elle a les cheveux courts et raides et les yeux bleus. Elle est travailleuse et très sympa.

2 En plus

1a Écoute l'interview et réponds aux questions (à droite).

1b Tu vas interviewer ton/ta partenaire. Prépare neuf questions.
You are going to interview your partner. Prepare nine questions (adapt those in 1a).
Exemple   âge: Tu as quel âge?

1c Ton/Ta partenaire joue le rôle d'une personne célèbre. Pose les neuf questions et trouve son identité.
Your partner plays the part of a famous person. Ask your nine questions and find his/her identity.

1d Fais sa description. Écris 10 phrases.
Exemple   1 Il s'appelle …
                    2 Il a …

2a Relie les descriptions A et B aux dessins.

2b Les deux autres sont Antoine et Coralie. Fais leur description.
The other two pictures are of Antoine and Coralie. Write a similar description for each of them.

2c Décris un(e) ami(e).
Write a similar description of one of your friends.

---

a   Stéphanie a quel âge?
b   Elle habite à Dieppe?
c   Elle a des frères?
d   Elle a des sœurs?
e   Elle est comment? (personnalité)
f   Elle est petite?
g   Elle est mince?
h   Elle a les yeux comment?
i   Elle a les cheveux comment?

A

J'ai une cousine. Elle s'appelle Anne-Sophie et elle a quatorze ans. Elle a les cheveux longs et raides et elle est blonde. Elle a les yeux bleus. Elle est petite et très mince. Elle est marrante et un peu timide.

B

Mon cousin s'appelle Alexandre. Il a douze ans. Il a les cheveux courts et frisés et il est brun. Il a les yeux marron. Il est assez petit et assez gros. Il est très sympa, mais il n'est pas très travailleur.

ÉCOUTER 1 Regarde les photos. Devine la matière préférée de Natacha, Juliette, Arnaud et Matthieu. Écoute et vérifie.

Arnaud

Natacha

Matthieu

Juliette

ÉCRIRE 2 Fais des phrases avec "j'aime" et "je n'aime pas".

Exemple   Élodie: J'aime le dessin.
                     Je n'aime pas …

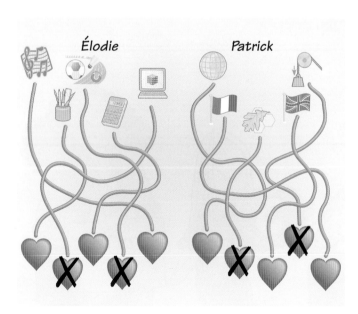

Élodie   Patrick

LIRE ÉCRIRE 3 Choisis et recopie la phrase correcte.

1
a   J'aime un frère.
b   J'ai un frère.

2
a   J'ai treize ans.
b   J'aime treize ans.

3
a   Tu aime l'anglais?
b   Tu aimes l'anglais?

4
a   Le lundi, j'ai dessin, maths et espagnol.
b   Le lundi, j'aime dessin, maths et espagnol.

5
a   Vous as un stylo?
b   Vous avez un stylo?

En plus

Sondage
matière préférée

1 Sondage. Pose des questions à 10 copains.
Carry out a survey amongst 10 friends.

Exemple A: Ma matière préférée, c'est le sport.
C'est super! Et toi?
B: Ma matière préférée, c'est le
français. C'est intéressant.

2a Lis la lettre d'Orianne. Complète les
phrases.

a Orianne *** treize ans.
b Elle *** à Dieppe.
c Son collège *** le collège Marcel-Proust.
d Elle *** bien son collège.
e Dans son sac, elle *** une trousse et
des cahiers.
f Elle *** l'informatique et ***.
g Elle n'*** pas l'espagnol.

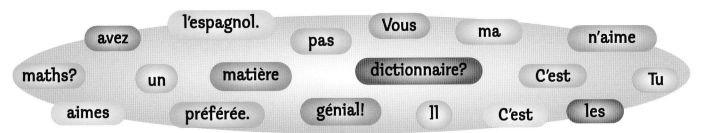

Salut!
Je m'appelle Orianne et j'ai treize ans. J'habite à Dieppe en France. Mon collège
s'appelle le collège Marcel-Proust. J'aime bien mon collège. C'est amusant!
En général, dans mon sac, j'ai une trousse, des cahiers, des classeurs, des
livres et des magazines. J'aime bien les magazines de musique pop!
J'aime l'informatique. C'est ma matière préférée – c'est intéressant. Je n'aime pas
l'espagnol. C'est difficile – je n'ai pas de dictionnaire espagnol-français! J'aime aussi
l'histoire. C'est génial et le prof est sympa.
Et toi?
Amitiés,
Orianne

2b Écris une réponse. Utilise les phrases
soulignées dans la lettre.
Use the phrases underlined in the letter to
write a reply to Orianne.

Exemple Mon collège s'appelle …

3 Fais deux questions et trois phrases.

l'espagnol. · avez · pas · Vous · ma · n'aime · maths? · un · matière · dictionnaire? · C'est · Tu · aimes · préférée. · génial! · Il · C'est · les

1 Écoute. Recopie et remplis la grille.

2 Recopie et complète.
Copy and complete the following time phrases.

Exemple **a** le week-end

a l* w**k-*nd
b *n g*n*r*l
c l* s*m*d*
d l* s**r
e qu*lqu*f**s
f l* d*m*nch* *pr*s-m*d*
g l* l*nd* m*t*n
h le v*ndr*d* s**r

Name	Age	Hobbies
Khaled	12	sport – cycling, cinema
Albane		
Olivier		
Jasmine		

3 Fais des phrases.

Exemple **a** Je danse.

a danse Je
b de la Je natation fais
c la de musique écoutes Tu
d Je télé la regarde
e du foot fait On

4a Lis cet e-mail. Réponds aux questions.
Exemple **1** Oui, je fais du judo.

4b Pose cinq questions à Romain sur d'autres passe-temps.
Ask Romain five questions about other hobbies.

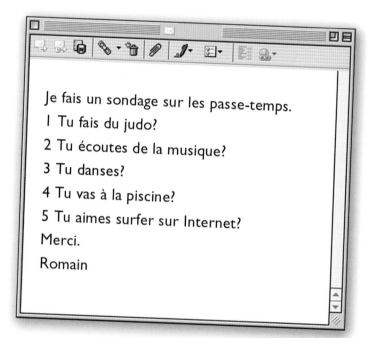

Je fais un sondage sur les passe-temps.
1 Tu fais du judo?
2 Tu écoutes de la musique?
3 Tu danses?
4 Tu vas à la piscine?
5 Tu aimes surfer sur Internet?
Merci.
Romain

5 Interviewe des stars!

Exemple A: Bonjour, David Beckham.
B: Bonjour.
A: Alors, David, qu'est-ce que tu fais le week-end?
B: Je fais du football. J'adore ça!

4 En plus

1 Devine les activités de ton/ta partenaire le week-end. Qui gagne?

Guess which activities your partner does at the weekend. Who is the winner?

Exemple
A: Qu'est-ce que tu fais le week-end? Tu regardes la télé?

B: Oui, je regarde la télé. Un point pour toi!

B: Qu'est-ce que tu fais le week-end? Tu vas au cinéma?

A: Non, je ne vais pas au cinéma. Un point pour moi!

2a Lis l'article "Passe-temps: Grand Sondage".

Read the article. Where does it appear? What is it about? Who is it aimed at?

2b Lis cette réponse. Mets les images dans l'ordre mentionné.

Read this reply to the article and put the pictures in the correct order.

Exemple   c, …

Passe-temps: Grand Sondage

Chers lecteurs, chères lectrices,
Nous faisons un grand sondage auprès des jeunes. Le sujet, c'est les passe-temps. Écrivez-nous! Voici les questions:

1 Tu aimes le sport? Quel est ton sport préféré?

2 Quel est ton passe-temps préféré? Pourquoi?

3 Tu vas au club des jeunes? Qu'est-ce que tu y fais?

4 Tu vas où le week-end?

5 Qu'est-ce que tu as fait le week-end dernier?

Lisez les résultats dans le prochain numéro de ce magazine. Merci d'avance! Nous attendons vos lettres!

La rédaction

2c À toi! Réponds aux questions.

1 J'aime le sport. Mon sport préféré, c'est la natation. C'est génial! Le week-end, je vais à la piscine avec James.

2 Mon passe-temps préféré, c'est l'ordinateur. J'aime surfer sur Internet. Au collège, j'aime l'informatique!

3 Le vendredi soir, je vais au club des jeunes. Je retrouve des amis et je joue au ping-pong. J'écoute aussi de la musique avec mes amis.

4 Le week-end, je vais au centre sportif ou à la piscine. Le samedi soir, je vais en ville. J'aime faire du skate en ville. C'est super!

5 Le week-end dernier, je suis allé au centre sportif. J'ai fait du patinage avec mes amis. Le samedi soir, j'ai retrouvé des amis et nous avons fait du vélo.

5 Encore

1a Regarde le dessin 1. Fais une liste de ce qu'il y a pour le pique-nique.
Look at picture 1. Write a list of all the things for the picnic.
Exemple du fromage …

1b Écoute et vérifie.

1c Regarde le dessin 2. A dit un aliment, B dit si c'est là.
Look at picture 2. A says an item from picture 1, B says if it is still there.
Exemple A: Il y a des pommes?
B: Oui, il y a des pommes.
A: Il y a du jambon?
B: Non, il n'y a pas de jambon.

1d Regarde les deux dessins. Trouve les différences.
Look at the two pictures. Describe the differences.
Exemple Sur le dessin numéro un, il y a du pain.
Sur le dessin numéro deux, il n'y a pas de pain.

■■ Rappel ■■■■■■■■■■■

- il y a + du/de la/des + *noun*
- il n'y a pas + de + *noun*

2 Fais des conversations.
Create four conversations in a café. Replace the underlined words with the pictures.
A: J'ai soif! Je voudrais <u>un coca</u>. Qu'est-ce que tu veux?
B: Je voudrais un <u>jus d'orange</u>.
A: <u>Un coca</u> et <u>un jus d'orange</u>, s'il vous plaît.
C: Voilà, <u>un coca</u> et un <u>jus d'orange</u>.
A/B: Merci.

5 En plus

1a Trouve les noms pour les photos.
Exemple **a** = le pain

1b Regarde les photos. Ton/Ta partenaire aime les aliments/les boissons?
Exemple A: Tu aimes le chocolat chaud?
B: Oui. J'aime beaucoup le chocolat chaud./Non, je n'aime pas ça.

1c Décris le petit déjeuner français.
Describe what French people typically have for breakfast. Remember to use *du, de la, de l', des*. Use as many linking words (connectives) as possible: *avec, aussi, et, ou*.
Exemple En France, au petit déjeuner, on prend du pain avec … On mange aussi des croissants et … On boit du café ou …

2a Sondage: Qu'est-ce que ta classe mange et boit au petit déjeuner? Prépare une fiche. Pose des questions et note les réponses.
Do a survey to find out what your classmates eat and drink for breakfast. Ask questions and note the answers.
Exemple

Qu'est que tu manges au petit déjeuner?	
des céréales	Lee, Tom
une banane	Jenny
du toast	
un repas chaud	

cooked breakfast

Qu'est que tu bois au petit déjeuner?	
du thé	
du café	Kirsty

2b Présente les résultats du sondage.
Present the results of your survey.
Exemple Six élèves mangent des céréales … cinq élèves boivent du thé …
ou: Au petit déjeuner, Lee prend des céréales avec du lait et du sucre. Il boit du thé et quelquefois du jus d'orange.

LIRE 1 Trouve l'intrus.

a   un château   une chambre   une plage   une gare   une piscine

b   une ville   une maison   une ferme   un immeuble   un appartement

c   une cave   une cuisine   une armoire   une salle de bains   un salon

d   grand   petit   devant   moderne   agréable

ÉCRIRE 2 Voici le château de Miromesnil. Écris des phrases.
Exemple   Au sous-sol,
il y a une cave.

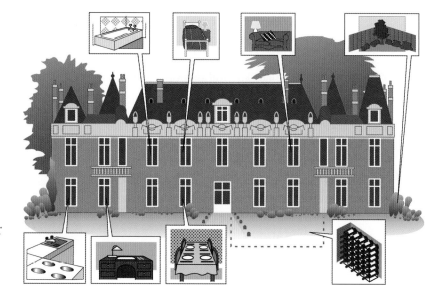

ÉCOUTER 3 Écoute le résultat de la course. Note les numéros des six premiers à l'arrivée.
Listen to the commentary after a race. Note the numbers of the first six runners in the order they arrived.

6 En plus

1

Nouméa, le 23 décembre

Salut! Je suis en vacances à Nouméa, en Nouvelle-Calédonie. C'est une île française à côté de l'Australie. Quand c'est l'hiver en France, ici, c'est l'été. C'est génial! Il y a du soleil, il fait beau et chaud. Je vais à la plage et je fais des promenades en mer. On habite chez des cousins. Ils ont une maison en face de la mer. À bientôt!

Patricia

2

Bonjour Stéphanie!
Je passe de super vacances avec mon oncle et ma tante, ici, au Québec. Ils habitent à côté d'un lac. Je vais à la pêche à 5 heures du matin avec mon oncle! C'est fatigant, mais c'est super! Il fait très beau et chaud. Il y a de l'orage le soir. Les gens sont vraiment très sympa ici. Je n'ai pas envie de rentrer en France! Je t'embrasse.
Grégor

3

Chère Mamie,
Je suis en vacances en Angleterre avec l'école. Nous sommes à Portsmouth. Je suis dans une famille anglaise. Ils ne parlent pas français, c'est dur! Nous avons des cours d'anglais le matin et l'après-midi nous faisons des visites. C'est bien mais il ne fait pas beau. Il pleut, il fait froid et il y a beaucoup de vent! À bientôt!
Manon

4

Bonjour de Genève!
Je suis en classe de neige en Suisse. Il neige tous les jours, c'est super pour le ski! Le matin, il y a du brouillard, alors on ne sort pas ou on va en ville. L'après-midi, il y a du soleil, alors on fait du ski. Moi, j'adore ça! La Suisse, en hiver, c'est génial!
Emmanuel

A

B

C

D

LIRE 1 Lis les cartes et relie aux photos.

LIRE PARLER 2a Emmanuel téléphone à son ami Arnaud. Invente les réponses d'Emmanuel.
– Allô, oui?
– Bonjour Emmanuel! Tu es où?
– Il fait quel temps?
– Qu'est-ce que tu fais?
– Au revoir, Emmanuel!

ÉCOUTER 2b Écoute et vérifie.

PARLER 2c A choisit une personne et téléphone à B. Adaptez la conversation de l'activité 2b.
Exemple A: Salut! C'est Grégor.
B: Bonjour! Tu es où?
A: Je suis au Québec!

ÉCRIRE 3 Imagine des vacances. Écris une carte à un copain français.
Invent a holiday and write a card to a French friend about it.

Les Français adorent les animaux!

52% des Français ont au moins un animal, le record d'Europe.

28% ont un chien, 26% ont un chat, 10% ont des poissons, 6% ont un oiseau et 5% ont un lapin, un hamster, une souris ou un rat.

Salut, les poissons!
Bonjour, les hippocampes!
Visitez la Cité de la Mer à Dieppe!

Ouverte du 1er janvier au 31 décembre
de 10 h à 12 h et de 14 h à 18 h

Gratuit moins de 4 ans ; moins de 16 ans : 2,5 € ; Adultes : 4,5€

C'est quoi, ton signe du zodiaque?
C'est quand, ton anniversaire?
Lis les dates et trouve ton signe!

VERSEAU du 21 janvier au 19 février 	**LION** du 23 juillet au 22 août
POISSONS du 20 février au 20 mars	**VIERGE** du 23 août au 22 septembre
BÉLIER du 21 mars au 19 avril	**BALANCE** du 23 septembre au 23 octobre
TAUREAU du 20 avril au 20 mai	**SCORPION** du 24 octobre au 22 novembre
GÉMEAUX du 21 mai au 21 juin 	**SAGITTAIRE** du 23 novembre au 21 décembre 
CANCER du 22 juin au 22 juillet 	**CAPRICORNE** du 22 décembre au 20 janvier 

LIRE 1 Find at least 10 names of animals on this page.

LIRE 2 Answer the questions.
a What is *la Cité de la Mer*?
b Where is it?
c When can you visit it?
d How much would it cost for you to visit?

LIRE ÉCRIRE 3a Look at the signs of the zodiac. Read and complete the speech bubbles.

Mon anniversaire, c'est le 25 … Je suis Lion.

Mon anniversaire, c'est le 28 février. Je suis …

Mon anniversaire, c'est le 14 mars. …

ÉCRIRE 3b Work out your star sign and write a speech bubble for yourself!

Charlie le chat

4a Read and listen to *Charlie le Chat*. What sort of person is Charlie?

4b Read aloud *Charlie le Chat* with a partner.

5 Write down three things you know about the person whose ID card this is.

R E P U B L I Q U E   F R A N Ç A I S E

NOM:	Soler
Prénoms:	Élodie Juliette
Né(e) le:	10 Juin 1993 à Toulouse, France

NATIONALITÉ FRANÇAISE

Élodie Juliette Soler

1234567890>>>>>>>>>>>>>>>>>>>>12<<<<<<<<<<

Les Français ont tous une carte d'identité

La Famille Fantôme

Refrain
La Famille Fantôme
Est à la maison … (ouh! ouh! ouh! ouh!)

Ça, c'est le père.
Il s'appelle Albert.
Il est gros et il est grand,
Mais, non, il n'est pas violent.
Refrain

Ça, c'est la mère.
Elle s'appelle Anne-Claire.
Elle est grosse et elle est grande,
Mais elle n'est pas très marrante.
Refrain

Ça, c'est le frère.
Il s'appelle Jean-Pierre.
Il est mince et il est petit,
Mais il n'est pas très gentil.
Refrain

Ça, c'est la sœur.
Elle s'appelle Anne-Fleur.
Elle est mince et elle est petite,
Mais elle n'est pas très dynamique.
Refrain

1a Follow the lyrics above as you listen to the song. Listen carefully to the pronunciation.

1b Are there any words in the song that you don't already know? Can you guess their meaning?

1c Practise reading the song lyrics aloud with perfect pronunciation.

1d Play the CD again and sing along.

2 Corinne is showing you her family photos. Match a bubble to each photo.

C'est ma sœur.

C'est mon frère.

C'est ma grand-mère.

C'est mon père.

a

b

c

d

Le Fantôme du Château Chair-de-Poule

Des touristes visitent un château en France.
Le guide explique:
"Le château a un fantôme."
Monsieur Martin est curieux:
"Un fantôme? C'est vrai?"
Madame Martin tremble:
"Un fantôme? C'est horrible!"
Leur fils Kévin est content:
"Ouah! Un fantôme? C'est super! Il est grand? Il est gros? Il est violent?"

Le guide explique:
"Non! Le fantôme du château, c'est une fille. Elle s'appelle Ariane."
Monsieur Martin demande:
"Elle a quel âge?"
Madame Martin demande:
"Elle est grande?"
Et Kévin demande:
"Elle est comment?"

Le guide explique:
"Ariane a treize ans. Elle est petite et blonde. Elle a les cheveux longs et raides et les yeux bleus. Rassurez-vous: elle n'est pas violente. Elle est très sympa."
"Les fantômes, ça n'existe pas!" déclare Kévin.
"Ah? C'est vrai?" demande une fille derrière lui*, une fille petite et blonde. Elle a les cheveux longs et raides et les yeux bleus.
Kévin se retourne:
"AAAAAAAAAAAAAAAAh! Maman! Papa!"

* derrière lui – behind him

3a Read the story. Use the glossary at the back of the book to look up any words you don't understand (use the *Guide pratique* on page 36 to help you).

3b Here are five high-frequency words. How many times do they occur in the story?

est   a   et   elle   un

3c Write at least two sentences using all five words.

3d Answer the questions.
   a   Where is the castle?
   b   Who doesn't like the idea of a ghost?
   c   What is the ghost's name?
   d   How old is she?
   e   What does she look like?
   f   What does Kévin see when he turns round?

3e Invent your own ghost and write a description of her/him.

Charlie le chat

1a Read and listen to *Charlie le Chat*.

1b Note down three different verbs that appear in the cartoon.

1c True or false? Correct the false sentences.
  a Le collège s'appelle le collège Charles-de-Gaulle.
  b Charlie n'aime pas le collège.
  c Charlie aime l'informatique.
  d "Souris" en anglais, c'est "mouse".
  e Charlie fait de l'anglais au collège.
  f Charlie déteste la biologie.

1d Read aloud *Charlie le Chat* with a partner.

1e Does Charlie like maths or art? What do you think? Continue the cartoon.

2a Look at the text (right). What is it about? Who is it for? Give reasons for your answers.

2b LIRE PARLER Read the first paragraph aloud with a partner. What do you need to remember about the underlined letters and the sounds in red?

2c LIRE Find and note down three subjects, seven opinions and eight different verbs.

2d LIRE ÉCRIRE Copy out the sentences that mention:
a the name of the school.
b the hours of the school day.
c what Fabienne wears to school.

2e ÉCRIRE Copy and complete the following categories.

Words and phrases that you can use in different topics:
J'ai
J'aime
...

Verbs
m'appelle
commencent
...

2f LIRE ÉCRIRE Answer the questions in French by completing the sentences in blue.
a Comment s'appelle le collège de Fabienne?
   Le collège de Fabienne s'appelle …
b Elle a EPS le mardi?
   Elle a EPS …
c Elle aime quelles matières?
   Elle aime …
d Elle n'aime pas quelle matière?
   Elle n'aime pas …
e Comment est le prof de sport?
   Il est …

Je suis ta correspondante française. Je m'appelle Fabienne et j'ai treize ans. Mon collège s'appelle le collège Victor-Hugo à Cachan. Les cours commencent à huit heures et finissent à quatre heures trente, mais le mercredi, on n'a pas cours.

mon prof de sport

Pour le collège, je porte un jean et un tee-shirt. J'ai un grand sac à dos pour le collège. En général, dans mon sac, j'ai des cahiers, des classeurs, des livres, une trousse et un dictionnaire. Le lundi, j'ai aussi mes vêtements de sport et mes tennis. Et toi? Tu as aussi EPS le lundi? Dans ma trousse, j'ai des stylos, des crayons, une règle et une gomme, mais je n'ai pas de feutres.

Au collège, ma matière préférée, c'est l'informatique. C'est génial. J'aime aussi le sport. C'est fatigant, mais amusant. Mon prof de sport est très sympa et toujours de bonne humeur. Quelle est ta matière préférée? Qu'est-ce que tu aimes au collège?

Je déteste l'histoire. C'est très difficile. Je ne comprends pas le prof. Qu'est-ce que tu n'aimes pas? Pourquoi?

Écris-moi vite.

Amitiés, Fabienne

mon prof d'histoire

Charlie le chat

1a Read and listen to *Charlie le Chat*. Why is Charlie unhappy at the end?

1c Read aloud *Charlie le Chat* with a partner.

1b Make up a better answer for Charlie.

Chatlina: Tu aimes l'ordinateur?

Charlie: ***

2a Read the two letters below. What sort of letters are they? How can you tell?

2b Make a list of words you know, words you can guess and words you don't know. Copy out and fill in the grid (right).

words I know	words I can guess	words I don't know	English
	problème		problem

Chère Hélène

J'ai un gros problème avec mon frère Thomas. J'ai 13 ans et Thomas a 15 ans. Nous partageons une chambre et c'est impossible! Moi, j'aime la lecture et l'ordinateur … les passe-temps calmes. Thomas aime la musique pop, jouer de la guitare électrique et discuter avec des amis. C'est difficile dans la même chambre! Que faire?

Baptiste

Chère Hélène

J'ai un gros problème avec mes parents. Nous avons un ordinateur et une télévision dans le salon, mais moi, je voudrais un ordinateur et une télévision dans ma chambre. Le soir, j'aime surfer sur Internet, regarder la télé et jouer sur une console. C'est plus confortable dans ma chambre, mais papa et maman disent: "Non!" Pourquoi? Je déteste mes parents! Que faire?

Fatima

2c Who …?
  a is cross with his/her parents?
  b shares a room with a brother?
  c likes watching TV?
  d likes reading?
  e plays a musical instrument?
  f likes to surf the Net in the evenings?

2d With a partner discuss in English what possible answers Hélène could give to the two letters.

5 Point lecture

Charlie le chat

J'ai faim. Ah non ! Il n y a pas de poisson.

Et je n'ai pas d'argent.

Offre spéciale 1.60€

Salut, les souris! Il y a un sandwich pour moi ?

Au secours !

Beurk! Je déteste le fromage !

Au secours! = Help!

1a Read and listen to *Charlie le Chat*. True or false?

a Charlie is hungry.
b There isn't any bread.
c He sees a sign for fish sandwiches in a fast-food restaurant.
d He has plenty of money.
e He asks the mice for a sandwich.
f The mice are scared.
g He likes the sandwich.
h He hates cheese.

1b Read aloud *Charlie le Chat* with a partner.

2 Find the odd-one-out in each box. Say why.

a
du thé
du café
du coca
du jambon

b
du jus d'orange
du beurre
du fromage
du lait

c
des pommes
des fraises
des chips
des bananes

d
des carottes
des œufs
des petits pois
des épinards

On fait la fête!

en janvier
<u>Le jour des Rois</u>
Le jour des Rois, c'est 12 jours après Noël. On mange un gâteau: la galette des rois. Dans la galette, il y a une fève. Si on a la fève, on est roi (ou reine) et on met la couronne.

en mars/avril
<u>Pâques</u>
On décore des œufs de toutes les couleurs. On mange des œufs en chocolat. Pour les enfants, on cache les œufs dans le jardin.

en février
<u>La Chandeleur ou Mardi gras</u>
En France, on fait des crêpes avec des œufs, de la farine et du lait. On fait sauter les crêpes.

en été
Il fait beau! On mange en plein air. On fait des barbecues et des pique-niques. On mange des glaces.

L'Aïd
L'Aïd, c'est le dernier jour du Ramadan. On mange une datte et on boit un verre d'eau ou de lait. Après, on mange de la chorba (une soupe), du couscous et beaucoup de petits gâteaux.

en décembre
<u>Noël</u>
Le 25 décembre, on fête la naissance de Jésus. On mange des huîtres, de la dinde et une belle bûche de Noël.

3a Look at the pictures and read the article. Answer the questions in English.
a What do French people eat for the *Jour des Rois*?
b What is found in the *galette*?
c What does the king or queen wear?
d What do they eat for Mardi gras?
e What ingredients do they use to make pancakes?
f What is the French name for the Muslim festival "Eid"?
g What do the French eat at Easter?

h Where do they hide eggs?
i What is the French word for "Christmas"?
j What do French people eat at Christmas?

3b Listen. What special occasion are they talking about? Note the name.

3c Discuss which festivals are celebrated:
a in France only.
b in both France and your country.

6 Point lecture

1a Read the biographies of Harry Potter and his friends. Find the French equivalents.
- **a** Hogwarts School
- **b** Muggles
- **c** Parseltongue
- **d** Chocolate frogs

1b Copy and fill in a *fiche* (see page 127) for Harry and Hermione.

1c Write Ron's biography, based on his *fiche*. Use the texts on the page as models.

1d Write your own *fiche* or biography! Give as many details as possible.

Harry Potter

Il s'appelle Harry Potter. Il est né le 31 juillet. Il est fils unique. Il est orphelin. Son père et sa mère sont morts quand il était bébé.

Il habite chez une tante, la sœur de sa mère. Son oncle et son cousin, qui a son âge, sont méchants avec lui. Il habite dans une belle maison en banlieue, mais sa chambre est petite, très très petite.

Physiquement, il est petit et mince. Il est brun. Ses cheveux sont courts et raides. Il a les yeux verts. Il porte des lunettes. Il a une cicatrice sur le front. Il parle Fourchelang.

Il est très courageux.

Il a un animal, une chouette, Hedwige.

Son passe-temps préféré, c'est un sport assez dangereux, le Quidditch.

Il va à l'école Poudlard. Sa matière préférée, c'est le cours de défense contre les forces du mal.

Son rêve, c'est de revoir ses parents.

Hermione Granger

Elle s'appelle Hermione Granger. Elle est née le 19 septembre. Elle est fille unique. Ses parents sont des Moldus. Ils sont dentistes.

Elle habite chez ses parents.

Physiquement, elle est assez grande et mince. Elle est brune. Elle a les cheveux longs. Elle a les yeux marron.

Elle est studieuse et raisonnable.

Elle a un animal, un chat qui s'appelle Pattenrond.

Son passe-temps préféré, c'est d'aller à la bibliothèque. Elle déteste les échecs!

Elle va à l'école Poudlard. Elle adore les études et aime presque toutes les matières!

Son rêve, c'est d'être la meilleure élève à l'école.

FICHE

Nom:	Weasley
Prénom:	Ron
Date de naissance:	31 mars
Situation familiale:	son père, Arthur, travaille au ministère de la Magie; sa mère, Molly, s'occupe des enfants; 5 frères et 1 sœur
Domicile:	une vieille maison, le Terrier
Taille:	assez grand
Yeux:	verts
Cheveux:	roux
Signe(s) particulier(s):	taches de rousseur
Qualité:	fidèle
Animal familier:	un rat (Croutard) et un hibou (Coquecigrue)
Passe-temps:	les échecs, le Quidditch … et les Chocogrenouilles!
École:	Poudlard
Matières préférées:	pas de préférence
Rêve:	être préfet à l'école et capitaine de l'équipe de Quidditch

Grammaire

Introduction

All languages have grammatical patterns (sometimes called "rules"). Knowing the patterns of French grammar helps you understand how French works. It means you are in control of the language and can use it to say exactly what you want to say, rather than just learning set phrases.

Here is a summary of the main points of grammar covered in *Équipe nouvelle 1*, with some activities to check that you have understood and can use the language accurately.

Glossary of terms

noun   *un nom*
a person, animal, place or thing
Juliette achète du pain au supermarché.

determiner   *un déterminant*
goes before a noun to introduce it
le chien, un chat, du jambon, mon frère

singular   *le singulier*
one of something
Le chien mange un biscuit.

plural   *le pluriel*
more than one of something
Les filles font du football.

pronoun   *un pronom*
a short word used instead of a noun or name
Il mange un biscuit. Elles font du football.

verb   *un verbe*
a "doing" or "being" word
Je parle anglais. Il est blond. On va à la piscine. Nous faisons de la natation.

adjective   *un adjectif*
a word which describes a noun
Ton frère est sympa. C'est un appartement moderne.

preposition   *une préposition*
describes position: where something is
Mon sac est sur mon lit. J'habite à Paris.

1 Nouns and determiners
les noms et les déterminants

Nouns are the words we use to name people, animals, places or things. They often have a small word or determiner in front of them (in English: *a, the, this, my, his,* etc.).

1.1 Masculine or feminine?

All French nouns are either masculine or feminine. To tell if a noun is masculine or feminine, look at the determiner – the word in front:

	Masculine words	Feminine words
a or *an*	un	une
the	le	la

For example: **un** *café,* **le** *collège* = masculine
une *sœur,* **la** *biologie* = feminine

Important! Every time you learn a new noun, make sure you know whether it is masculine or feminine.

Don't learn	*voyage*	✗
Learn	*un voyage*	✓

Nouns that end in a consonant are usually masculine.

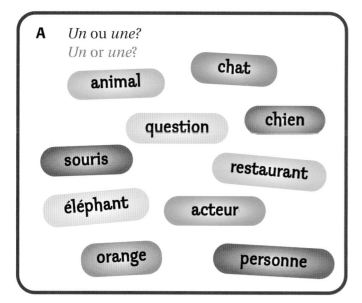

A *Un* ou *une?*
Un or *une?*

animal — chat — question — chien — souris — restaurant — éléphant — acteur — orange — personne

1.2 Singular or plural?

Most French nouns add *-s* to make them plural (when talking about more than one), just as in English:

le frère → *les frère**s***
un chat → *des chat**s***
mon professeur → *mes professeur**s***

In French the *-s* at the end of the word is not usually pronounced.
Some nouns do not follow this regular pattern.

For example:
● nouns ending in *-al* usually change to *-aux:*
un animal → *des animaux*
● nouns ending in *-eau* or *-eu* add *-x:*
un château → *les châteaux*
un jeu → *les jeux*
● nouns already ending in *-s, -x* or *-z* usually stay the same:
la souris → *les souris*
le prix → *les prix*
● a few nouns change completely:
un œil → *des yeux*

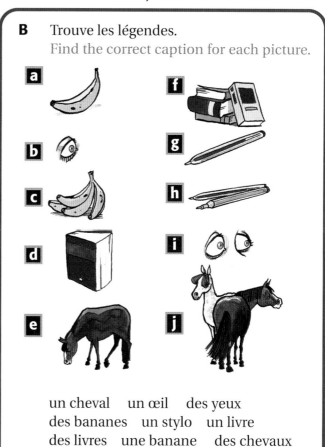

B Trouve les légendes.
Find the correct caption for each picture.

un cheval   un œil   des yeux
des bananes   un stylo   un livre
des livres   une banane   des chevaux
des stylos

In front of plural nouns, the determiners (the words for *a* and *the*) change:

un/une ⟶ des
le/la ⟶ les

For example:

*Vous avez **un** crayon?*
*Vous avez **des** crayons?*
***Le** professeur est sympa.*
***Les** professeurs sont sympa.*

	singular	plural
to say *a* or *some* masculine words	un	des
feminine words	une	des
to say *the* masculine words	le	les
feminine words	la	les

1.3 de + noun

	singular	plural
masculine words	du (or de l')	des
feminine words	de la (or de l')	des

Use *du, de la, de l'* or *des* when you want to say *some* or *any*.

*Je voudrais **du** fromage.*	I'd like **some** cheese.
*Elle mange **de la** confiture.*	She is eating **some** jam.
*Il boit **de** l'eau.*	He drinks **some** water.
*Tu as **des** questions?*	Have you got **any** questions?

(For how to say *any* in a negative sentence, see section 7.1.)

C   Complète le message.
Complete the message.

Il y a du poulet, des

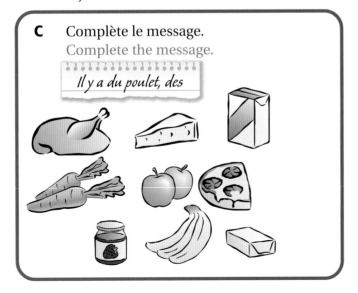

---

② Adjectives
les adjectifs

Adjectives are the words we use to describe nouns.

2.1 Form of adjectives

In English, whatever you are describing, the adjective stays exactly the same:

an **interesting** film, an **interesting** man,
an **interesting** girl, **interesting** people,
interesting books.

In French, the adjective changes to match the word it is describing. Like the noun, it must be either masculine or feminine, singular or plural.
To show this, there are special adjective endings:

	singular	plural
masculine words	add nothing	add -*s*
feminine words	add -*e*	add -*es*

For example:

mon père est petit   *ma mère est petite*
mes frères sont petits   *mes cousines sont petites*

A   Choisis la bonne forme de l'adjectif.
Choose the correct form of the adjective.

1   Le chien est [intelligent/intelligente].
2   Juliette est [patient/patiente].
3   Mes parents sont [marrant/marrants].
4   C'est une conversation [intéressante/intéressantes].
5   J'ai un [grand/grands] frère.
6   Ma grand-mère est [travailleur/travailleuse].

Some adjectives do not follow this regular pattern.
For example:

- adjectives ending in -*eur* or -*eux* usually change to -*euse* in the feminine:
  un frère travailleur ⟶ *une sœur travailleuse*
  un frère courageux ⟶ *une sœur courageuse*
- adjectives which already end in -*e* don't need to add another one in the feminine (but they do add -*s* when they describe plural words):
  un frère calme ⟶ *une sœur calme*
  des enfants calmes

- a very few adjectives stay the same whether they are masculine or feminine, singular or plural:
  un cousin sympa, une cousine sympa, des cousins sympa
  le foot est super, la France est super, les chevaux sont super

2.2 Position of adjectives

In English, adjectives always come before the noun they describe:

a **pleasant** castle, a **modern** kitchen, **nice** friends.

In French, adjectives usually come after the noun:

*un château **agréable**, une cuisine **moderne**, des copains **sympa**.*

B   Ça se dit comment en français?
How would you say this in French?

1   a patient brother
2   an intelligent sister
3   a calm rabbit
4   Anne has some French cousins [male].
5   I have long hair.

Some adjectives break this rule of position.
For example:

grand/grande	un **grand** éléphant
petit/petite	une **petite** souris
beau/belle	un **beau** salon
joli/jolie	une **jolie** maison

③ Possessive adjectives
les adjectifs possessifs

3.1 The possessive of nouns

To show who or what something or someone belongs to, use *de* (*of*) with nouns:

le père **de** Natacha	Natacha**'s** father
le stylo **de** Juliette	Juliette**'s** pen

3.2 Possessive adjectives

Possessive adjectives also show who or what something belongs to (*my* bag, *your* CD, *his* brother, etc.).
They come before the noun they describe, in place of *un/une/des* or *le/la/les*, for example.
Like all adjectives, they have to match the noun they describe:

	singular		plural
	masculine	feminine	masculine or feminine
my	mon	ma	mes
your	ton	ta	tes
his/her	son	sa	ses

For example:

***Ma** sœur déteste **ton** frère.*	**My** sister hates **your** brother.
*Il parle avec **sa** grand-mère.*	He is talking to **his** grandmother.

Notice that the words for *his* and *her* are the same (either *son*, *sa* or *ses*, depending on the word that follows). For example:

*Natacha adore **son** chien.*	Natacha loves **her** dog.
*Marc adore **son** chien.*	Marc loves **his** dog.

A   Ça se dit comment en français?
How would you say this in French?

1   My brother is called Paul.
2   My parents are patient.
3   Your brother has brown hair.
4   My sister is brave.
5   My rabbit is small.
6   My grandparents are nice.
7   My sister is six years old.
8   Anne lives with her father.

---

4 Prepositions
les prépositions

These are usually little words which tell you the position of something:

A Où sont les animaux?
Where are the pets?

Exemple Le perroquet (parrot) *est dans l'armoire.*

4.1 à

- Talking about time
  You use *à* to mean *at* when you talk about times:
  *J'ai français **à** quatre heures.*
  I have French **at** four o'clock.

- Talking about place
  You use *à* to say *at, in* or *to* a place:
  *J'habite **à** Paris.*
  I live **in** Paris.
  *Je vais **à la** piscine.*
  I am going **to the** swimming pool.
  *J'habite **à la** campagne.*
  I live **in the** country.
  Exception: ***en** ville*   **in(to)** town

Important! With masculine or plural places, *à* combines with *le* or *les* in front of the noun to form a completely new word:

$$à + le \longrightarrow au$$
$$à + les \longrightarrow aux$$

For example:
  *Il est **au** cinéma.*
  He's **at the** cinema.
  *Ma cousine va **aux** États-Unis.*
  My cousin is going **to the** United States.

singular		plural
masculine	feminine	masculine or feminine
au	à la	aux

B Qui va où? Explique.
Write sentences to explain where everyone is going.

Exemple   Olivier va au match de foot.

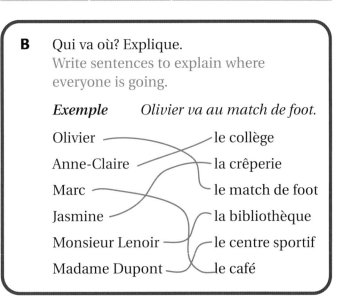

Olivier   le collège
Anne-Claire   la crêperie
Marc   le match de foot
Jasmine   la bibliothèque
Monsieur Lenoir   le centre sportif
Madame Dupont   le café

4.2 en

In French, most names of countries are feminine. To say *in* or *to* these countries, use the word *en*:

Vous allez **en** France?   Are you going **to** France?
J'habite **en** Écosse.   I live **in** Scotland.

For masculine countries, use *au* instead (or *aux* if the country is plural):

Cardiff est **au** pays de Galles.
Cardiff is **in** Wales.
Je vais **aux** États-Unis.
I'm going **to the** United States.

C   Fais des phrases avec *en* ou *au*.
         Complete these sentences using *en* or *au*.

   Exemple   Je vais *** (l'Angleterre).
                = Je vais en Angleterre.
   1   Il va *** (l'Irlande du Nord)
   2   ***, on parle français. (la France)
   3   Ma correspondante habite ***
       (le pays de Galles)
   4   Il va *** (l'Écosse)

---

5 Pronouns
les pronoms

A pronoun is a small word which is used instead of a noun or name. It helps to avoid repetition. For example: My cat is called Tigger. **He** sleeps in a box.

5.1 Subject pronouns

The subject of a verb tells you who or what is doing the action of the verb. It is usually a noun, but sometimes it is a pronoun. In English, we use the following subject pronouns:

   I   you   he   she   it   we   they

I'm learning French. Are **you**?
Annie is learning Italian. **She** loves it.

The French subject pronouns are:

I	=	*je*	
		j'	in front of a vowel or a silent *h*: *j'aime/j'habite*
you	=	*tu*	when talking to a child, a friend or a relative
		vous	when talking to an adult you are not related to, or more than one person
he	=	*il*	for a boy or man
she	=	*elle*	for a girl or woman
it	=	*il*	if the noun it refers to is masculine
		elle	if the noun it refers to is feminine
we	=	*nous*	
		on	is used more than *nous* in conversation.

Use *on* when speaking or writing to friends.
Use *nous* when writing more "official" texts.

they	=	*ils*	for a masculine plural for a mixed group (masculine + feminine)
		elles	for a feminine plural
		on	when it means people in general

- *On*
  On can mean *you, we, they* or *one*. It is always followed by the same form of the verb (the form that follows *il* or *elle*):
        Chez moi, on **parle** arabe.
        At home we speak Arabic.
        Au Québec, on **parle** français.
        In Quebec, they speak French.

5.2 Toi/Moi

If you want to stress who is doing the action, put the pronouns *moi/toi* in front of the subject pronouns:
    Tu vas où? **Moi**, je vais au club.
    Where are you going? I'm going to the club.

Et toi? is useful to ask questions simply.
Use *moi/toi* after *chez* and *avec*:
> *Tu arrives chez **toi** à quelle heure?*
> What time are you getting home?
> *Tu vas à la pêche avec **moi**?*
> Are you going fishing with me?

A Retrouve les pronoms.
Find the pronouns in the word snake.

nousj'ilonellevousilsjetuelles

B Recopie et complète avec le bon pronom.
Copy and complete this letter with the correct pronouns.

Salut!
*** m'appelle Radia. *** ai 15 ans. Mes parents sont algériens. *** sont très sympa. Mon frère s'appelle Zahir. *** a 25 ans; ma sœur s'appelle Asha. *** a 12 ans. Mes parents, Asha et moi, *** habite dans un appartement. *** est très petit! Et ***? *** habites dans une maison ou un appartement? *** aimes la ville ou la campagne? ***, *** préfère la ville. Écris vite!

---

6 Verbs
les verbes

Verbs are words that describe what is happening. If you can put *to* in front of a word or *-ing* at the end, it is probably a verb:
> listen – to listen ✓ = a verb
> try – to try ✓ = verb
> desk – to desk ✗ = not a verb
> happy – to happy ✗ = not a verb

A Trouve les verbes.
Spot the verbs in these sentences.
1 I eat my breakfast at 7 o'clock.
2 I play the piano every day.
3 I send letters to my penfriend.
4 I travel to school by bike.

6.1 The infinitive

Verbs take on many different forms:
I *do* the dishes every day. Alan *does* too, but you *don't*.

If you want to look up a verb in a dictionary, you won't find all the forms listed. For example, you won't find *does* or *don't*. You have to look up the infinitive, *to **do***. Infinitives in French are easy to recognize as they normally end with either *-er*, *-re* or *-ir*. For example: *regarder, prendre, choisir*.

B Trouve les infinitifs dans cette liste.
Find the infinitives in this list.

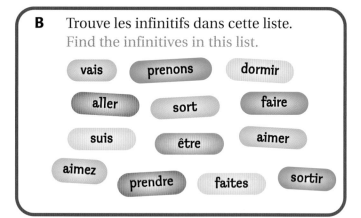

vais   prenons   dormir
aller   sort   faire
suis   être   aimer
aimez   prendre   faites   sortir

6.2 The present tense

The tense indicates when an action takes place. A verb in the present tense describes an action which is taking place now or takes place regularly.

There are two present tenses in English:
> I **am eating** an apple (now).
> I **eat** an apple (every day).

There is only one present tense in French:
> *Je mange une pomme (maintenant).*
> *Je mange une pomme (tous les jours).*

6.3 Present tense verb endings

To describe an action, you need a subject (the person or thing doing the action) and a verb.

> **C** Who or what is the subject of each verb? The verbs are underlined.
> 1 You <u>eat</u> corn flakes every day.
> 2 My dog <u>eats</u> lots of sweets.
> 3 My mum and I <u>speak</u> German together.
> 4 He <u>speaks</u> French fluently.
> 5 The clock <u>strikes</u> nine.

Notice in the sentences above that the ending of the verb changes according to who the subject is:

You eat/She eat**s**   We speak/He speak**s**

Verb endings change in French too, for the same reason.

> **D** Remets les phrases dans l'ordre.
> Rewrite these sentences in the correct order.
> 1 technologie? Tu la aimes
> 2 aime J' grands-parents mes
> 3 ma Philippe sœur aime
> 4 les Nous animaux aimons
> 5 français? le aimez Vous
> 6 aiment Léa et Claire petit chien le

> **E** Trouve cinq formes du verbe *aimer*.
> Find five forms of the verb *aimer* in activity D.
>
> *Exemple* aime

6.4 Regular verbs in the present tense

Most French verbs follow the same pattern. They have regular endings.
Typical endings for verbs that end in *-er*, like *aimer*, in the present tense are:

j'	aim**e**	nous	aim**ons**
tu	aim**es**	vous	aim**ez**
il/elle/on	aim**e**	ils/elles	aim**ent**

Some other verbs which follow the same pattern are:

adorer	to love/really like
arriver	to arrive
danser	to dance
détester	to hate
discuter	to discuss/talk
écouter	to listen
fermer	to close
habiter	to live
jouer	to play
parler	to speak
ranger	to put away
regarder	to watch
retrouver	to meet up with
surfer	to surf

Typical endings for verbs that end in *-ir*, like *choisir* (to choose), in the present tense are:

je	chois**is**	nous	chois**issons**
tu	chois**is**	vous	chois**issez**
il/elle/on	chois**it**	ils/elles	chois**issent**

Some other verbs which follow the same pattern are:

finir	to finish
remplir	to fill

Typical endings for verbs that end in *-re*, like *vendre* (to sell), in the present tense are:

je	vend**s**	nous	vend**ons**
tu	vend**s**	vous	vend**ez**
il/elle/on	vend	ils/elles	vend**ent**

Some other verbs which follow the same pattern are:

attendre	to wait
répondre	to answer

> **F** Recopie et complète les verbes.
> Copy and complete the verbs.
> 1 Qu'est-ce que tu aim*** au collège?
> 2 Je parl*** avec mon partenaire.
> 3 Léa habit*** avec Luc?
> 4 Tu répond*** aux questions?
> 5 Ils habit*** dans un appartement.
> 6 Il rempli*** la fiche.
> 7 Vous rang*** vos affaires.
> 8 Nous attend*** le bus.
> 9 Nous écout*** un CD.
> 10 Les cours fini*** à quatre heures.

6.5 Irregular verbs in the present tense

Some verbs do not follow this regular pattern. They are irregular verbs. Try to learn them by heart.

Infinitive	Present	English
avoir (to have)	j'ai tu as il/elle a on a nous avons vous avez ils/elles ont	I have you have (to a friend, child or relative) he/she/it has we/they have we have you have (to an adult or group of people) they have
être (to be)	je suis tu es il/elle est on est nous sommes vous êtes ils/elles sont	I am you are (to a friend, child or relative) he/she/it is we/they are we are you are (to an adult or group of people) they are
aller (to go)	je vais tu vas il/elle va on va nous allons vous allez ils/elles vont	I go you go (to a friend, child or relative) he/she/it goes we/they go we go you go (to an adult or group of people) they go
faire (to do/make)	je fais tu fais il/elle fait on fait nous faisons vous faites ils/elles font	I make/do you make/do (to a friend, child or relative) he/she/it makes/does we/they make/do we make/do you make/do (to an adult or group of people) they make/do
boire (to drink)	je bois tu bois il/elle boit on boit nous buvons vous buvez ils/elles boivent	I drink you drink (to a friend, child or relative) he/she/it drinks we/they drink we drink you drink (to an adult or group of people) they drink

Infinitive	Present	English
manger (to eat)	je mange	I eat
	tu manges	you eat (to a friend, child or relative)
	il/elle mange	he/she/it eats
	on mange	we/they eat
	nous mangeons	we eat
	vous mangez	you eat (to an adult or group of people)
	ils/elles mangent	they eat
prendre (to take)	je prends	I take
	tu prends	you take (to a friend, child or relative)
	il/elle prend	he/she/it takes
	on prend	we/they take
	nous prenons	we take
	vous prenez	you take (to an adult or group of people)
	ils/elles prennent	they take
vouloir (to want)	je veux	I want
	tu veux	you want (to a friend, child or relative)
	il/elle veut	he/she/it wants
	on veut	we/they want
	nous voulons	we want
	vous voulez	you want (to an adult or group of people)
	ils/elles veulent	they want

G Retrouve la bonne forme du verbe.
Write the correct form of the verb.

1 Tu [aller] *** où ce week-end?
2 Je [aller] *** chez ma grand-mère avec mes parents.
3 Vous [aller] *** chez elle samedi ou dimanche?
4 On [aller] *** en ville dimanche.
5 Vous [faire] *** des crêpes quand?
6 Nous [faire] *** des crêpes pour mon anniversaire.
7 Mes parents [faire] *** aussi un gâteau.
8 Je [faire] *** mes devoirs ce soir.
9 Tu [faire] …… tes devoirs ce soir?
10 Non, je [faire] …… du baby-sitting.
11 Mes parents [aller] …… au cinéma.

H *Avoir* ou *être*? Recopie et complète.
Copy and complete with the correct form of *avoir* or *être*.

1 Tu *** un stylo?
2 Oui, et j'*** aussi des feutres.
3 Vous *** quel âge?
4 Moi, j'*** 14 ans.
5 Ma correspondante *** sérieuse et intelligente. Elle *** blonde. Elle *** les cheveux longs et raides.
6 Monsieur Dupont, vous *** mon cahier de maths?
7 Nous *** intelligents!
8 Les enfants *** deux chiens et une tortue.
9 Il *** sept ans.

6.6 The perfect tense

A verb in the perfect tense (*passé composé*) describes an action which happened in the past. There are several ways to translate the *passé composé* in English:

J'ai regardé la télé.
I watched TV or **I have watched** TV.

For the *passé composé*, you need two parts: the present tense of *avoir* or *être* + the past participle of the main verb. See 6.7, 6.8, 6.9.

6.7 The past participle

To form the past participle take the infinitive of the verb and change the ending:

- infinitives ending in *-er*: past participle ends *-é*
  manger → mangé   parler → parlé

Here are the past participles of other verbs you've met:

faire → **fait**
avoir → **eu**
être → **été**
boire → **bu**

I   Écris au passé composé.
Complete these sentences in the past tense.

1 Il a *** du football. (faire)
2 Nous avons *** sur Internet. (surfer)
3 Tu as *** de la musique? (écouter)
4 Sophie a *** des amis au centre sportif. (retrouver)
5 J'ai *** du coca. (boire)

6.8 Avoir + past participle

Most verbs take *avoir*:

present	passé composé		
		avoir	+ past participle
je regarde	j'	ai	regardé
tu regardes	tu	as	regardé
il regarde	il	a	regardé
elle regarde	elle	a	regardé
on regarde	on	a	regardé
nous regardons	nous	avons	regardé
vous regardez	vous	avez	regardé
ils regardent	ils	ont	regardé
elles regardent	elles	ont	regardé

J   Quelles phrases sont au passé?
Which sentences are in the past?

1 J'ai fini!
2 Je mange du pain.
3 Je fais du sport.
4 Il a fait du football.
5 Ils ont bu du coca.

6.9 Être + past participle

Some verbs make their *passé composé* with *être* instead of *avoir*. They are mostly verbs that indicate movement. You will meet more verbs in this group in *Équipe nouvelle 2*, but so far you have only met *aller*.

For verbs that use *être* to form the *passé composé*, the past participle changes ending, just like an adjective. It agrees with the subject of the verb (masculine/feminine).

*Je suis all**é** au cinéma.*
*(Il est all**é** au cinéma.)*

*Je suis all**ée** au cinéma.*
*(Elle est all**ée** au cinéma.)*

6.10 Talking about the future

One way of talking about the future is to use *aller* + infinitive.
You use the present tense of the verb *aller* (see page 136) followed by an infinitive.

Je vais manger *un croissant.*
I am going to eat a croissant.
On va regarder *la télé.*
We are going to watch TV.

K Complète les phrases et traduis en anglais.
Complete the sentences with the correct form of *aller* and translate them into English.

1 Je *** surfer sur Internet.
2 Nous *** manger de la pizza.
3 Il *** aller à la pêche.
4 Chantal *** regarder la télé.
5 Vous *** prendre le petit déjeuner?
6 Les enfants *** danser à la boum.

6.11 Verb + infinitive

There are other times when we have two verbs next to each other in a sentence:

I **like going** to the cinema.

In French, the form of the first verb depends on the subject, and the second verb is the infinitive:

J'aime aller au cinéma.   I like going to the cinema.

Tu aimes aller au cinéma, toi?   Do *you* like going to the cinema?

L Fais des phrases.
Write sentences about what different people like doing, using the pictures. Use a different pronoun for each sentence.

Exemple J'aime écouter de la musique.

7 Negatives
la négation

In English, the negative form uses the word *not* or a form ending in *-n't* (*don't, hasn't*).
In French, use *ne … pas* around the verb
(*ne = n'* in front of a vowel or a silent *h*):

Je suis anglais.	*Je **ne** suis **pas** français.*
I'm English.	I'm **not** French.
J'ai 13 ans.	*Je **n'**ai **pas** 12 ans.*
I'm 13.	I'm **not** 12.
Je vais à la plage.	*Je **ne** vais **pas** à la piscine.*
I'm going to the beach.	I'm **not** going to the pool.

7.1 ne … pas + de

If a phrase with *du, de la, de l'*, or *des* is used in the negative (with *ne … pas*), use *de* or *d'* (in front of a vowel or a silent *h*) instead.

*Je fais **du** judo. Je **ne** fais **pas de** judo.*
I do judo. I don't do judo.
*Je fais **de la** voile. Je **ne** fais **pas de** voile.*
I go sailing. I don't go sailing.

The *de/d'* also replaces *un/une* and *des* to say there isn't or you don't have something:
- *Il y a **un** croissant?/**une** pomme?/**des** tomates?*
  *Il **n'**y a **pas de** croissant/**pas de** pomme/**pas de** tomates.*
- *Tu manges **de la** confiture?/**du** poisson?/**des** carottes?*
  *Je **ne** mange **pas de** confiture/**pas de** poisson/**pas de** carottes.*
- *Tu as **un** animal?/**une** armoire?/**des** amis?*
  *Je **n'**ai **pas d'**animal/**pas d'**armoire/**pas d'**amis.*

A Écris les bulles de Madame Contraire, comme dans les exemples.
Write speech bubbles for Madame Contraire as shown in the examples.

8 Asking questions

- You can ask questions by making your voice go up at the end:

Tu aimes le chocolat.	*Tu aimes le chocolat?*
You like chocolate.	Do you like chocolate?
Elle fait un sandwich.	*Elle fait un sandwich?*
She is making a sandwich.	Is she making a sandwich?

- By using question words:
  - **comment**

Tu t'appelles comment?	What's your name?
Tu es comment?	What do you look like?
Ça se dit comment "book" en français?	How do you say "book" in French?

  - **où**

Tu habites où?	Where do you live?
Tu vas où?	Where are you going?
C'est où?	Where is it?

  - **quand**

C'est quand, ton anniversaire?	When is your birthday?
Tu vas quand au cinéma?	When are you going to the cinema?

– **qu'est-ce que**

Qu'est-ce que c'est?	What is it?
Qu'est-ce que tu as dans ton sac?	What do you have in your bag?
Qu'est-ce que tu fais comme sport?	What sports do you play?
Qu'est-ce que tu veux?	What do you want?

– **qui**

C'est qui?	Who is it?

– **quel/quelle**

Quel temps il fait?	What's the weather like?
Il est quelle heure?	What time is it?
Quel est ton sport préféré?	What's your favourite sport?
Tu as quel âge?	How old are you?

– **combien**

Ça fait combien?	How much is it?
Il y a combien de personnes?	How many people are there?

A Relie les réponses aux questions.
Match the answers to the questions.

1 Qu'est-ce que c'est?

2 Tu as quel âge?

3 C'est qui?

4 Il est quelle heure?

5 Tu as les cheveux comment?

6 Tu vas où le week-end?

7 Qu'est-ce que tu as fait le week-end dernier?

a C'est mon oncle.

b J'ai les cheveux longs.

c Il est cinq heures et demie.

d C'est mon cahier de maths.

e Je vais au centre sportif.

f J'ai fait du tennis.

g J'ai treize ans.

B Quelle est la question?
What is the question for each of these answers?

Exemple J'ai un chien. →*Tu as un animal?*

1 Oui, ça va bien merci.

2 J'ai deux sœurs.

3 Je m'appelle Matthieu.

4 J'ai un stylo, des crayons et une règle.

5 Mon anniversaire, c'est le vingt-huit septembre.

6 Oui, j'aime les maths. C'est amusant.

Answers to grammar activities

1 Nouns

A

Un	Une
animal	question
chat	souris
chien	personne
restaurant	orange
éléphant	
acteur	

B **a** une banane; **b** un œil; **c** des bananes; **d** un livre; **e** un cheval; **f** des livres; **g** un stylo; **h** des stylos; **i** des yeux; **j** des chevaux

C Il y a du poulet, des pommes, du fromage, du lait, des bananes, des carottes, de la pizza, de la confiture, du beurre.

2 Adjectives

A 1 intelligent; 2 patiente; 3 marrants; 4 intéressante; 5 grand; 6 travailleuse

B 1 un frère patient; 2 une sœur intelligente; 3 un lapin calme; 4 Anne a des cousins français. 5 J'ai les cheveux longs.

3 Possessive adjectives

A 1 Mon frère s'appelle Paul.
2 Mes parents sont patients.
3 Ton frère est brun.
4 Ma sœur est courageuse.
5 Mon lapin est petit.
6 Mes grands-parents sont sympa.
7 Ma sœur a six ans.
8 Anne habite chez (*or* avec) son père.

4 Prepositions

A Some suggested answers:
Le chat est sur le lit, devant le poster.
Le chien est sous le bureau.
Le serpent est dans la commode.
La souris est sur l'étagère.
Le poisson rouge est sur la télévision.
La perruche est devant la télévision.
Le lapin est entre le poisson et la lampe.
Le cheval est derrière la fenêtre.

B Olivier va au match de foot.
Anne-Claire va au collège.
Marc va au café.
Jasmine va à la crêperie.
Monsieur Lenoir va à la bibliothèque.
Madame Dupont va au centre sportif.

C 1 Il va en Irlande du Nord.
2 En France, on parle français.
3 Ma correspondante habite au pays de Galles.
4 Il va en Écosse.

5 Pronouns

A nous, j', il, on, elle, vous, ils, je, tu, elles

B Salut! **Je** m'appelle Radia. **J'**ai 15 ans. Mes parents sont algériens. **Ils** sont très sympa. Mon frère s'appelle Zahir. **Il** a 25 ans; ma sœur s'appelle Asha. **Elle** a 12 ans. Mes parents, Asha et moi, **on** habite dans un appartement. **Il** est très petit! Et **toi**? **Tu** habites dans une maison ou un appartement? **Tu** aimes la ville ou la campagne? **Moi**, **je** préfère la ville. Écris vite!

6 Verbs

A 1 eat; 2 play; 3 send; 4 travel

B dormir, aller, faire, être, aimer, prendre, sortir

C 1 You; 2 My dog; 3 My mum and I; 4 He; 5 The clock

D 1 Tu aimes la technologie?
2 J'aime mes grands-parents.
3 Philippe aime ma sœur./Ma sœur aime Philippe.
4 Nous aimons les animaux.
5 Vous aimez le français?
6 Sophie et Claire aiment le petit chien.

E aimes, aime, aimons, aimez, aiment

F **1** aimes; **2** parle; **3** habite; **4** réponds; **5** habitent; **6** remplit; **7** rangez; **8** attendons; **9** écoutons; **10** finissent

G **1** Tu vas où ce week-end?
2 Je vais chez ma grand-mère avec mes parents.
3 Vous allez chez elle samedi ou dimanche?
4 On va en ville dimanche.
5 Vous faites des crêpes quand?
6 Nous faisons des crêpes pour mon anniversaire.
7 Mes parents font aussi un gâteau.
8 Je fais mes devoirs ce soir.
9 Et toi, tu fais tes devoirs ce soir?
10 Non, je fais du baby-sitting.
11 Mes parents vont au cinéma.

H **1** Tu as un stylo?
2 Oui, et j'ai aussi des feutres.
3 Vous avez quel âge?
4 Moi, j'ai 14 ans.
5 Ma correspondante est sérieuse et intelligente. Elle est blonde. Elle a les cheveux longs et raides.
6 Monsieur Dupont, vous avez mon cahier de maths?
7 Nous sommes intelligents!
8 Les enfants ont deux chiens et une tortue.
9 Il a sept ans.

I **1** Il a fait du football.
2 Nous avons surfé sur Internet.
3 Tu as écouté de la musique?
4 Sophie a retrouvé des amis au centre sportif.
5 J'ai bu du coca.

J 1, 4, 5

K **1** Je vais surfer sur Internet. *I'm going to surf the Internet.*
2 Nous allons manger de la pizza. *We're going to eat some pizza.*
3 Il va aller à la pêche. *He's going to go fishing.*
4 Chantal va regarder la télé. *Chantal is going to watch TV.*
5 Vous allez prendre le déjeuner? *Are you going to have breakfast?*
6 Les enfants vont danser à la boum. *The children are going to dance at the party.*

L Some suggested answers: J'aime surfer sur Internet. Tu aimes aller au cinema? Il aime danser. Elle aime regarder la télé. On aime écouter de la musique. Nous aimons jouer des jeux vidéo. Vous aimez aller à la pêche? Ils aiment faire du sport. Elles aiment retrouver des amis.

7 Negatives

A Moi, je ne mange pas de chocolat.
Moi, je n'écoute pas de musique rock.
Moi, je ne regarde pas le foot à la télé.
Moi, je ne vais pas au cinéma.

8 Asking questions

A **1** – d, **2** – g, **3** – a, **4** – c, **5** – b, **6** –e, **7** – f
B **1** Ça va?
2 Tu as des frères et sœurs?
3 Comment tu t'appelles?
4 Qu'est-ce que tu as dans ta trousse?
5 C'est quand, ton anniversaire?
6 Tu aimes les maths?

Expressions utiles

Greetings

Hello	*Bonjour*
	Salut (to a friend)
Hello (after about 6.00 pm)	*Bonsoir*
Good night (when going to bed)	*Bonne nuit*
Goodbye	*Au revoir*
	Salut (to a friend)

The French tend to use *monsieur/madame* in greetings:
Bonjour, monsieur. (e.g. to a shopkeeper)
Bonjour, madame.

Days   *les jours de la semaine*

Monday	*lundi*
Tuesday	*mardi*
Wednesday	*mercredi*
Thursday	*jeudi*
Friday	*vendredi*
Saturday	*samedi*
Sunday	*dimanche*

Months   *les mois*

January	*janvier*
February	*février*
March	*mars*
April	*avril*
May	*mai*
June	*juin*
July	*juillet*
August	*août*
September	*septembre*
October	*octobre*
November	*novembre*
December	*décembre*

Quantities   *les quantités*

See grammar section 1.3 for how to say *some* and *any*.

	noun + *de/d'*
a bottle of (lemonade)	*une bouteille de (limonade)*
a litre of (mineral water)	*un litre d'(eau minérale)*
a glass of (milk)	*un verre de (lait)*
a packet of (sweets)	*un paquet de (bonbons)*
a tin of (tuna)	*une boîte de (thon)*
a kilo of (potatoes)	*un kilo de (pommes de terre)*
100g of (cheese)	*100 grammes de (fromage)*
a slice of (ham)	*une tranche de (jambon)*
a slice/portion of (pizza)	*une part de (pizza)*

Countries   *les pays*

Algeria	*l'Algérie*
Australia	*l'Australie*
Belgium	*la Belgique*
Burkina Faso	*le Burkina Faso*
Canada	*le Canada*
England	*l'Angleterre*
France	*la France*
Germany	*l'Allemagne*
Great Britain	*la Grande-Bretagne*
Ireland	*l'Irlande*
Northern Ireland	*l'Irlande du Nord*
Italy	*l'Italie*
Luxembourg	*le Luxembourg*
New Caledonia	*la Nouvelle-Calédonie*
Scotland	*l'Écosse*
Switzerland	*la Suisse*
the United States	*les États-Unis*
Wales	*le pays de Galles*
the West Indies	*les Antilles*

Connectives

Connectives are words or phrases that link phrases and sentences together.

also	*aussi*
and	*et*
but	*mais*
or	*ou*
because	*parce que/parce qu'*

The time   *l'heure*

What time is it?	*Il est quelle heure?*
It is one o'clock.	*Il est une heure.*
What time is it at?	*C'est à quelle heure?*
It is at one o'clock.	*C'est à une heure.*

Il est …

une heure

deux heures moins cinq

une heure cinq

deux heures moins dix

une heure dix

deux heures moins le quart

une heure et quart

deux heures moins vingt

une heure vingt

deux heures moins vingt-cinq

une heure vingt-cinq

une heure et demie

Il est midi.

Il est minuit.

Numbers

0	zéro		17	dix-sept		70	soixante-dix
1	un		18	dix-huit		71	soixante et onze
2	deux		19	dix-neuf		72	soixante-douze
3	trois		20	vingt		73	soixante-treize
4	quatre		21	vingt et un		74	soixante-quatorze
5	cinq		22	vingt-deux		75	soixante-quinze
6	six		23	vingt-trois		76	soixante-seize
7	sept		24	vingt-quatre		77	soixante-dix-sept
8	huit		25	vingt-cinq		78	soixante-dix-huit
9	neuf		26	vingt-six		79	soixante-dix-neuf
10	dix		27	vingt-sept		80	quatre-vingts
11	onze		28	vingt-huit		81	quatre-vingt-un
12	douze		29	vingt-neuf		82	quatre-vingt-deux, …
13	treize		30	trente		90	quatre-vingt-dix
14	quatorze		40	quarante		91	quatre-vingt-onze, …
15	quinze		50	cinquante		100	cent
16	seize		60	soixante			

Glossaire   français–anglais

adj adjective	*pl* plural noun
nm masculine noun	*v* verb
nf feminine noun	

A

il/elle/on **a** he/she has, we have
à at, in, to
une **abeille** *nf* a bee
d' **abord** first
acheter *v* to buy
d' **accord** OK
un **acteur** *nm* an actor (male)
une **activité** *nf* an activity
une **actrice** *nf* an actress
additionner *v* to add up
un **adjectif** *nm* an adjective
un **adolescent** *nm* a teenager
adorer *v* to love
une **adresse** *nf* an address
s' **adresser** *v* to apply
un **adulte** *nm* an adult
un **aéroport** *nm* an airport
des **affaires** *nf pl* things, belongings
une **affiche** *nf* a poster
afficher *v* to stick up
l' **Afrique** *nf* Africa
l' **âge** *nm* age
un **agent de police** *nm* a police officer
agréable *adj* pleasant
j' **ai** I have
l' **Aïd-el-Fitr** *nm* Eid (festival)
aider *v* to help
aimer *v* to like, to love
une **aire de jeux** *nf* a children's playground
ajouter *v* to add
un **aliment** *nm* a foodstuff
l' **Allemagne** *nf* Germany
allemand/allemande *adj* German
aller *v* to go
vous **allez** you go
allô hello (over the phone)
nous **allons** we go
alors so, then
américain/ américaine *adj* American
un **ami** *nm* a friend (male)
une **amie** *nf* a friend (female)
l' **amitié** *nf* friendship
amitiés best wishes (in a letter)
amusant/amusante *adj* funny, amusing
un **an** *nm* a year
ancien/ancienne *adj* old

anglais/anglaise *adj* English
l' **Angleterre** *nf* England
un **animal** *nm* animal
une **année** *nf* a year
un **anniversaire** *nm* a birthday
une **annonce** *nf* an advert
les **Antilles** *nf pl* the West Indies
août August
un mot **apparenté** *nm* a cognate
un **appartement** *nm* a flat
s' **appeler** *v* to be called
je m' **appelle ...** my name is ...
tu t' **appelles ...** your name is ...
apprendre *v* to learn
approprié/appropriée *adj* appropriate
après after
l' **après-midi** *nm* the afternoon
l' **aquagym** *nf* water aerobics
l' **arabe** *nm* Arabic
l' **argent** *nm* money
une **armoire** *nf* a wardrobe
arrêter *v* to stop
l' **arrivée** *nf* finish line
arriver *v* to arrive
l' **art dramatique** *nm* Drama
tu **as** you have
assez rather, enough
l' **athlétisme** *nm* athletics
attendre *v* to wait
aucun/aucune *adj* no, none
aujourd'hui today
auprès de according to
aussi too
l' **Australie** *nf* Australia
l' **automne** *nm* autumn
un **automobiliste** *nm* a driver
l' **autre** *nm* other
d' **avance** in advance
avancer *v* to go forward
avant before
avec with
vous **avez** you have
un **avis** *nm* an opinion
avoir *v* to have
nous **avons** we have
avril April

B

le **baby-foot** *nm* table football
une **baguette** *nf* a French loaf
un **bain** *nm* a bath
baisser *v* to lower

la **Balance** *nf* Libra
un **ballon de foot** *nm* a football
une **banane** *nf* banana
une **bande dessinée** *nf* a cartoon
la **banlieue** *nf* the suburbs
en banlieue parisienne in the Paris suburbs
un **barbecue** *nm* a barbecue
un **bateau** *nm* a boat
un **bâton de colle** *nm* a glue-stick
bavard/bavarde *adj* talkative
beau/belle *adj* beautiful
un **beau-père** *nm* a step-father
beaucoup a lot
un **bébé** *nm* a baby
belge *adj* Belgian
la **Belgique** *nf* Belgium
le **Bélier** *nm* Aries
belle *adj* beautiful
une **belle-mère** *nf* a step-mother
bête *adj* silly
beurk! yuk!
le **beurre** *nm* butter
une **bibliothèque** *nf* a library
bien well, good
bientôt soon
bienvenue welcome
la **biographie** *nf* biography
la **biologie** *nf* Biology
un **biscuit** *nm* a biscuit
blanc/blanche *adj* white
un **blanc** *nm* a gap
bleu/bleue *adj* blue
blond/blonde *adj* blond
une **blouse** *nf* an overall
du **bœuf** *nm* beef
bof! so so, dunno!
boire *v* to drink
une **boisson** *nf* a drink
une **boîte** *nf* a box, a tin
un **bol** *nm* a bowl
bon/bonne *adj* good
Bon anniversaire! Happy birthday!
Bon appétit! Enjoy your meal!
un **bonbon** *nm* a sweet
bonjour hello
bonne *adj* good
un **bonze** *nm* a bigwig
une **boum** *nf* a party
un **bout** *nm* a bit, an end
une **bouteille** *nf* a bottle

Bravo! Well done!
le **bricolage** *nm* DIY
briller *v* to shine
brosser *v* to brush
le **brouillard** *nm* fog
un **brouillon** *nm* a rough copy
  au brouillon in rough
un **bruit** *nm* a noise
brun/brune *adj* dark-haired
une **bûche de Noël** *nf* a Christmas log
une **bulle** *nf* a bubble
un **bureau** *nm* a desk, an office
le **but** *nm* the goal, the aim

C

c', ce it, that
ça it, that
Ça va? How are you?
Ça va. I'm fine.
cacher *v* to hide
un **cadeau** *nm* a present
un **café** *nm* a coffee, a café
un **cahier** *nm* an exercise book
une **caisse** *nf* a cashdesk, a till
une **caissière** *nf* a cashier
une **calculatrice** *nf* a calculator
calme *adj* calm
un/une **camarade** *nm/nf* a school friend
un **caméléon** *nm* a chameleon
la **campagne** *nf* the countryside
un **camping-car** *nm* a camper van
le **Canada** *nm* Canada
canadien/canadienne *adj* Canadian
un **canari** *nm* canary
le **Cancer** *nm* Cancer
la **cantine** *nf* the canteen
le **capitaine** *nm* captain
la **capitale** *nf* the capital
le **Capricorne** *nm* Capricorn
un **car** *nm* a coach
le **caractère** *nm* character
un **carnaval** *nm* a carnival
une **carotte** *nf* a carrot
un **cartable** *nm* a schoolbag
une **carte** *nf* a map, a card
  une **carte d'identité** *nf* an identity card
le **carton** *nm* cardboard
une **case** *nf* a square (on a game board), a hut
un **casse-pieds** *nm* a nuisance
un **casse-tête** *nm* a brain-teaser
une **cassette** *nf* a cassette
une **cave** a cellar
un **CD** *nm* a CD
ce, cet, cette this
célèbre *adj* famous
cent hundred
un **centime** *nm* a euro cent (unit of currency)

le **centre** *nm* the centre
  un **centre commercial** *nm* an indoor shopping centre
  un **centre sportif** *nm* a sports centre
  le **centre-ville** *nm* the town centre
les **céréales** *nf pl* cereals
un **cerf-volant** *nm* a kite
certainement certainly
ces these
c'est it's
  C'est tout? Is that all?
cet this
c'était it was
cette this
chacun each
une **chaise** *nf* a chair
une **chambre** *nf* a bedroom
un **champ** *nm* a field
la **Chandeleur** *nf* Candlemas (festival)
une **chanson** *nf* a song
chanter *v* to sing
une **chanteuse** *nf* a female singer
chaque each
charmant/charmante *adj* charming
un **chat** *nm* a cat
un **château** *nm* a castle
chaud/chaude *adj* hot
chauffé/chauffée *adj* heated
la **chimie** *nf* Chemistry
un **chemin** *nm* a path, a way
une **chemise** *nf* a shirt
cher/chère *adj* expensive, dear
chercher *v* to look for
chéri darling
un **cheval** *nm* a horse
les **cheveux** *nm* hair
chez (Juliette) at (Juliette's)
un **chien** *nm* a dog
un **chiffre** *nm* a number
un/une **chimiste** *nm/nf* a chemist
un **chimpanzé** *nm* a chimpanzee
la **Chine** *nf* China
chinois/chinoise *adj* Chinese
les **chips** *nf pl* crisps
le **chocolat** *nm* chocolate
les **chocos** *nm* chocolate biscuits
choisir *v* to choose
une **chose** *nf* a thing
un **chou** *nm* a cabbage
une **chouette** *nf* an owl
chouette! great!
un **chou-fleur** *nm* a cauliflower
une **cicatrice** *nf* a scar
le **ciel** *nm* the sky
le **cinéma** *nm* the cinema
cinq five
cinquante fifty
les **ciseaux** *nm pl* scissors

un **citron** *nm* a lemon
une **classe** *nf* a form, a class
un **classeur** *nm* a folder
le **climat** *nm* climate
le **club des jeunes** *nm* youth club
un **coca** *nm* a coca cola
cocher *v* to tick
un **cochon d'Inde** *nm* a guinea pig
un **cœur** *nm* a heart
la **coiffure** *nf* hairstyle, hair
un **coin** *nm* a corner
la **colle** *nf* glue
coller *v* to stick
le **collège** *nm* high school
combien how much, how many
un **comédien** *nm* an actor (male)
une **comédienne** *nf* an actress
une **commande** *nf* an order
comme as, like
commencer *v* to start
comment how
une **commode** *nf* a chest of drawers
comparer *v* to compare
compléter *v* to complete
comprendre *v* to understand
compter *v* to count
un **concombre** *nm* a cucumber
un **concours** *nm* a competition
la **confiture** *nf* jam
confortable *adj* comfortable
connaître *v* to know
un **conseil** *nm* a piece of advice
les **conserves** *nf* tinned food
une **console** *nf* a games console
une **consonne** *nf* a consonant
content/contente *adj* happy
continuer *v* to continue
le **contraire** *nm* the opposite
contre against
un **copain** *nm* a (boy)friend
une **copine** *nf* a (girl)friend
le **corps** *nm* the body
un/une **correspondant/correspondante** *nm/nf* a penpal
correspondre *v* to correspond with, write to
corriger *v* to correct
à **côté de** beside
la **couleur** *nf* the colour
un **couplet** *nm* a verse
une **cour** *nf* a courtyard, playground
courageux/courageuse *adj* brave
un **coureur** *nm* a runner
une **couronne** *nf* a crown
le **courrier** *nm* the mail
un **cours** *nm* a lesson
la **course** *nf* the race (track)
les **courses** *nf pl* the shopping
court/courte *adj* short
le **couscous** *nm* couscous
un **cousin** *nm* a cousin (male)
une **cousine** *nf* a cousin (female)

un **coussin** *nm* a cushion
coûter *v* to cost
un **crayon** *nm* a pencil
créer *v* to create
la **crème** *nf* cream
le **créole** *nm* a language formed by a mix of French with local dialects
une **crêpe** *nf* a pancake
une **crêperie** *nf* a pancake restaurant
un **crocodile** *nm* a crocodile
un **croque-monsieur** *nm* a toasted ham and cheese sandwich
la **cuisine** *nf* the kitchen, cooking
curieux/curieuse *adj* curious
le **cyclisme** *nm* cycling

D

d'abord first
d'accord OK
dangereux/dangereuse *adj* dangerous
dans in
la **danse** *nf* dance
danser *v* to dance
la **date** *nf* the date
une **datte** *nf* a date
de from, of
un **dé** *nm* a die
debout standing up
décembre December
déclarer *v* to declare
décorer *v* to decorate
découper *v* to cut out
découvrir *v* to discover
décrire *v* to describe
un **défaut** *nm* a fault
la **défense** *nf* defence
déjà already
le **déjeuner** *nm* lunch
délicieux/délicieuse *adj* delicious
demain tomorrow
demander *v* to ask
un **demi** *nm* half
un **demi-frère** *nm* a half-brother, a step-brother
une **demi-sœur** *nf* a half-sister, a step-sister
un/une **dentiste** *nm/nf* a dentist
le **départ** *nm* the start
un **département français** *nm* a French 'county'
un **dépliant** *nm* a leaflet
depuis since
dernier/dernière *adj* last
derrière behind
derrière elle behind her
derrière lui behind him
désiré/désirée *adj* desired
désirer *v* to wish for, desire
désolé/désolée *adj* sorry

le **désordre** *nm* mess
un **dessert** *nm* a dessert
le **dessin** *nm* art
un **dessin** *nm* a drawing
dessiner *v* to draw
détester *v* to hate
deux two
le deux mars the second of March
deuxième *adj* second
devant in front of
deviner *v* to guess
les **devoirs** *nm pl* homework
un **diabolo-menthe** *nm* a lemonade and mint drink
un **dictionnaire** *nm* a dictionary
difficile *adj* difficult
dimanche Sunday
une **dinde** *nf* a turkey
le **dîner** *nm* dinner
dire *v* to say
discuter *v* to discuss
divorcé/divorcée *adj* divorced
dix ten
le **docteur** *nm* doctor
le **doigt** *nm* finger
le **domicile** *nm* home
donner *v* to give
dormir *v* to sleep
une **douche** *nf* a shower
douze twelve
drôle *adj* funny
dur/dure *adj* hard
dynamique *adj* dynamic

E

l' **eau** *nf* water
l'eau minérale *nf* mineral water
un **échange** *nm* an exchange
échanger *v* to swap
les **échecs** *nm pl* chess
une **école** *nf* a school
l'école maternelle *nf* nursery school
l'école primaire *nf* primary school
écossais/écossaise *adj* Scottish
l' **Écosse** *nf* Scotland
écouter *v* to listen
écrire *v* to write
l' **écriture** *nf* (hand)writing
une **église** *nf* a church
électrique *adj* electric
un **éléphant** *nm* an elephant
un/une **élève** *nm/nf* a pupil
elle she, it
un **e-mail** *nm* an e-mail
Je t' **embrasse** With love (to end a letter)
une **émission** *nf* a programme
l' **empereur** *nm* emperor

un **emploi** *nm* a job
un **emploi du temps** *nm* a timetable
emprunter *v* to borrow
en in
encore again, more
un **endroit** *nm* a place
un **enfant** *nm* a child
enfin at last
l' **ennui** *nm* boredom
énorme *adj* enormous
une **enquête** *nf* a survey
enregistrer *v* to record
ensuite then
entendre *v* to hear
entêté/entêtée *adj* stubborn
entre between
une **entrée** *nf* a starter, a hallway
j'ai **envie de** I feel like
environ about, approximately
épeler *v* to spell
un **épicier** *nm* a grocer
les **épinards** *nm pl* spinach
l' **EPS = l' éducation physique et sportive** *nf* PE/games
une **équipe** *nf* a team
l' **équitation** *nf* horse riding
une **erreur** *nf* a mistake
l' **escalade** *nf* mountain climbing
l' **espace** *nf* space
l' **Espagne** *nf* Spain
espagnol/espagnole *adj* Spanish
tu **es** you are
un **escargot** *nm* snail
il/elle/on **est** he/she is, we are
l' **est** *nm* the east
et and
Et toi? How about you?
un **étage** *nm* a storey, a floor
une **étagère** *nf* a shelf
il **était** he/it was
les **États-Unis** *nm pl* the United States
l' **été** *nm* summer
vous **êtes** you are
être *v* to be
les **études** *nf pl* studies
un **étudiant** *nm* a student (male)
une **étudiante** *nf* a student (female)
euh erm (used for hesitation)
un **euro** *nm* a euro (unit of currency)
l' **Europe** *nf* Europe
excusez-moi excuse me
un **exemple** *nm* an example
exister *v* to exist
une **explication** *nf* an explanation
expliquer *v* to explain
une **expression-clé** *nf* a key expression
un **extrait** *nm* an extract
extraordinaire *adj* extraordinary

F

fabriquer *v* to make
en **face de** opposite
facile *adj* easy
la **faim** *nf* hunger
j'ai faim I'm hungry
faire *v* to make, to do
je/tu **fais** I/you make, do
nous **faisons** we make, do
il/elle/on **fait** he/she makes/does, we make/do
vous **faites** you make, do
familial/familiale *adj* family
une **famille** *nf* a family
un/une **fan** *nm/nf* a fan
un **fantôme** *nm* a ghost
la **farine** *nf* flour
fatigant/fatigante *adj* tiring
il **faut** you have to, you ought to
faux/fausse *adj* false, wrong
favori/favorite *adj* favourite
féminin/féminine *adj* feminine
une **ferme** *nf* a farm
fermé/fermée *adj* shut, closed
fermer *v* to close
une **fête** *nf* a party, a festival
fêter *v* to celebrate
une **feuille** *nf* a sheet of paper, a leaf
un **feutre** *nm* a felt-tip pen
les **feux** *nm pl* traffic lights
une **fève** *nf* a bean, a charm
février February
une **fiche** *nf* a form
fidèle *adj* faithful
un **filet** *nm* a net
une **fille** *nf* a girl, a daughter
fille unique *nf* an only child (girl)
un **film** *nm* a film
les **films d'action** *nm* action films
les **films de science-fiction** *nm* science fiction films
un **fils** *nm* a son
fils unique *nm* an only child (boy)
la **fin** *nf* the end
finalement finally
fini/finie *adj* finished
finir *v* to finish
une **fleur** *nf* a flower
un/une **fleuriste** *nm/nf* a florist
ils/elles **font** they make, do
le **foot(ball)** *nm* football
le **footballeur** *nm* footballer
formidable *adj* great, fantastic
fort/forte *adj* strong
fou/folle *adj* mad
un **foyer** *nm* a home
frais/fraîche *adj* fresh
une **fraise** *nf* a strawberry

le **français** *nm* French
français/française *adj* French
francophone *adj* French-speaking
un **frère** *nm* a brother
un **frigo** *nm* a fridge
frisé/frisée *adj* curly
des **frites** *nf* chips
froid/froide *adj* cold
le **fromage** *nm* cheese
le **front** *nm* forehead
un **fruit** *nm* a fruit

G

gagner *v* to win, to earn
une **galerie** *nf* a gallery
une **galette** *nf* a cake, a pancake
la galette des Rois *nf* special cake eaten on 6 January
un **garçon** *nm* a boy
une **gare SNCF** *nf* a railway station
un **gâteau** *nm* a cake
gazeux/gazeuse *adj* : **une boisson gazeuse** a fizzy drink
geler *v* to freeze
les **Gémeaux** *nm pl* Gemini
en **général** in general
le **général** *nm* general
généralement generally
génial/géniale *adj* great, fantastic
des **gens** *nm pl* people
gentil/gentille *adj* nice
la **géographie** *nf* geography
un **geste** *nm* a gesture, a movement
une **glace** *nf* an ice-cream
un **glossaire** *nm* a glossary
une **gomme** *nf* a rubber
un **goûter** *nm* an afternoon snack
un **gouvernement** *nm* a government
la **grammaire** *nf* grammar
un **gramme** *nm* a gram
grand/grande *adj* big, tall
la **Grande-Bretagne** *nf* Great Britain
une **grand-mère** *nf* a grandmother
un **grand-père** *nm* a grandfather
les **grands-parents** *nm pl* grandparents
gras/grasse *adj* fatty, greasy
en gras in bold
gratuit/gratuite *adj* free
une **grille** *nf* a grid
grillé/grillée *adj* grilled, toasted
gris/grise *adj* grey
gros/grosse *adj* plump, fat
une **guitare** *nf* a guitar
la **gym** *nf* gymnastics, exercises

H

un **habitant** *nm* an inhabitant
habiter *v* to live
un **hamburger** *nm* a hamburger
un **hamster** *nm* a hamster
le **hand-ball** *nm* handball
haut/haute *adj* high, tall
à haute voix aloud
un **héros** *nm* a hero
hésiter *v* to hesitate
une **heure** *nf* an hour
à deux heures at two o'clock
heureux/heureuse *adj* happy
un **hibou** *nm* an owl
hier yesterday
le **hindi** *nm* Hindi
un **hippocampe** *nm* a sea horse
l' **histoire** *nf* History
l' **hiver** *nm* winter
l' **hôpital** *nm* hospital
horrible *adj* terrible, awful
un **hot-dog** *nm* a hot-dog
un **hôtel** *nm* a hotel
huit eight
une **huître** *nf* an oyster
une **humeur** *nf* a mood, humour
hystérique *adj* hysterical

I

ici here
idéal/idéale *adj* ideal
une **idée** *nf* an idea
identifier *v* to identify
une **identité** *nf* an identity
il he, it
une **île** *nf* an island
illustré/illustrée *adj* illustrated
il n'y a pas de/d' there isn't/there aren't
ils they
il y a there is/there are
une **image** *nf* a picture
imaginer *v* to imagine
un **imbécile** *nm* an imbecile, a fool
imiter *v* to imitate, copy
un **immeuble** *nm* a block of flats
indiquer *v* to show
un **infinitif** *nm* an infinitive
les **informations** *nf pl* information, the news
l' **informatique** *nf* computing, IT
les **infos** *nf pl* the news
intelligent/intelligente *adj* intelligent
intéressant/intéressante *adj* interesting
l' **Internet** *nm* the Internet
interrogatif/interrogative *adj* interrogative, question
interviewer *v* to interview

l' **intrus** *nm* the odd-one-out
un/une **invité/invitée** *nm/nf* a guest, a visitor
inviter *v* to invite
l' **Irlande** *nf* Ireland
irrégulier/irrégulière *adj* irregular
l' **Italie** *nf* Italy
italien/italienne *adj* Italian

J

j' I
j'ai I have
jamais never
le **jambon** *nm* ham
janvier January
un **jardin** *nm* a garden
le **jardinage** *nm* gardening
jaune *adj* yellow
je I
un **jean** *nm* a pair of jeans
une **jetée** *nf* a pier, a jetty
jeter *v* to throw
un **jeton** *nm* a counter
un **jeu** *nm* a game
le jeu du Morpion *nm* Noughts and Crosses
le jeu de Sept familles *nm* Happy Families
un jeu de société *nm* a board game
jeudi Thursday
jeune *adj* young
un/une **jeune** *nm/nf* a young person
les **jeux vidéo** *nm pl* video games
joli/jolie *adj* pretty
jouer *v* to play
un **jouet** *nm* a toy
un **jour** *nm* a day
tous les jours every day
le **Jour des Rois** *nm* Epiphany
une **journée** *nf* a day
le **judo** *nm* judo
juillet July
juin June
un **jumeau** *nm* a twin
un **jus** *nm* a juice
un jus d'orange *nm* an orange juice
jusqu'à until
juste fair, just

K

le **kayak** *nm* kayaking, canoeing
un **kilo** *nm* a kilo
un **kilomètre** *nm* a kilometre
un **kiwi** *nm* a kiwi fruit

L

l' the
la the

là there
là-bas over there
un **lac** *nm* lake
le **lait** *nm* milk
une **lampe** *nf* a lamp
lancer *v* to throw
une **langue** *nf* a language
un **lapin** *nm* a rabbit
laquelle *f* which
le the
la **leçon** *nf* lesson
un **lecteur** *nm* a reader (male)
une **lectrice** *nf* a reader (female)
la **lecture** *nf* reading
la **légende** *nf* the key (to a map)
un **légume** *nm* a vegetable
les **lentilles** *nf* contact lenses
lequel *m* which
les the
une **lettre** *nf* a letter
leur their
lever *v* to lift, raise
une **limonade** *nf* a lemonade
le **Lion** *nm* Leo
lire *v* to read
une **liste** *nf* a list
une **liste d'achats** *nf* a shopping list
un **lit** *nm* a bed
un **livre** *nm* a book
loin far
les **loisirs** *nm pl* leisure
Londres London
long/longue *adj* long
lourd/lourde *adj* heavy
lui him
lundi Monday
la **lune** *nf* moon
des **lunettes** *nf pl* glasses
le **lycée** *nm* Sixth Form College

M

ma my
madame Mrs, madam
mademoiselle Miss
un **magasin** *nm* a shop
un **magazine** *nm* a magazine
la **magie** *nf* magic
un **magnétophone** *nm* a cassette player
mai May
maigre *adj* thin, slim
mais but
une **maison** *nf* a house
à la maison at home
une **majorité** *nf* a majority
mal badly
ça va mal things aren't going very well, I don't feel well
malade ill
maman *nf* Mum, Mummy
mamie *nf* Granny

manger *v* to eat
un **mannequin** *nm* a model
une **maquette d'avion** *nf* a model aeroplane
un **marché** *nm* a market
mardi Tuesday
le **Mardi Gras** *nm* Shrove Tuesday
marrant/marrante *adj* funny
marron *adj* brown
mars March
masculin/masculine *adj* masculine
un **masque** *nm* a mask
un **match** *nm* a match
un match de foot *nm* a football match
les **maths** *nm pl* maths
une **matière** *nf* a subject
le **matin** *nm* morning
mauvais/mauvaise *adj* bad
il fait mauvais the weather's dull
la **mayonnaise** *nf* mayonnaise
méchant/méchante *adj* naughty, evil
méfiant/méfiante *adj* suspicious
meilleur/meilleure *adj* best
un **membre** *nm* a member
même same, even
la **mémoire** *nf* memory
mémoriser *v* to memorize, learn by heart
mentionné/mentionnée *adj* mentioned
la **mer** *nf* the sea
merci thank you
mercredi Wednesday
une **mère** *nf* a mother
mes my
la **messe** *nf* Mass
la **météo** *nf* weather forecast
mettre *v* to put
un **meuble** *nm* an item of furniture
miam! miam! yum!
midi midday, lunchtime
le **miel** *nm* honey
un **milk-shake** *nm* a milkshake
un **mime** *nm* a mime
mince *adj* thin, slim
un **mini-exposé** *nm* a short talk
le **mini-golf** *nm* miniature golf
le **ministère** *nm* ministry
un **modèle** *nm* a model
moderne *adj* modern
moi me
moins less
au moins at least
un **mois** *nm* a month
en ce **moment** at the moment
mon my
le **monde** *nm* the world
tout le monde everybody

monsieur Mr, sir
une **montre** *nf* a watch
montrer *v* to show
un **morceau** *nm* a piece
mort/morte *adj* dead
un **mot** *nm* a word
    un **mot apparenté** *nm* a cognate
    un **mot-clé** *nm* a key word
les **moules marinière** *nf* mussels cooked in white wine with onions
un **mouton** *nm* a sheep
moyen/moyenne *adj* average
un **mur** *nm* a wall
la **musculation** *nf* body-building
un **musée** *nm* a museum
la **musique** *nf* music

N

la **naissance** *nf* birth
la **natation** *nf* swimming
la **nationalité** *nf* nationality
la **nature** *nf* nature
né/née *adj* born
négatif/négative *adj* negative
la **neige** *nf* snow
il **neige** it's snowing
neuf nine
un **nez** *nm* a nose
le **Noël** *nm* Christmas
noir/noire *adj* black
un **nom** *nm* a name, noun
un **nombre** *nm* a number
nombreux/nombreuse *adj* numerous, many
nommer *v* to name
non no
le **nord** *nm* the north
    le **nord-est** *nm* the north-east
    le **nord-ouest** *nm* the north-west
normalement normally
nos our
noter *v* to note
nous we, us
nouveau/nouvelle *adj* new
la **Nouvelle-Calédonie** *nf* New Caledonia
novembre November
nul nil
    c'est nul it's rubbish
un **numéro** *nm* a number, an edition (of a magazine)
numéroter *v* to number

O

un **objet** *nm* an object
observer *v* to observe
s' **occuper** *v* to look after
octobre October

un **œil** *nm* an eye
un **œuf** *nm* an egg
un **office de tourisme** *nm* tourist office
officiel/officielle *adj* official
une **offre** *nf* an offer
offrir *v* to offer, give as a present
un **oiseau** *nm* a bird
une **omelette** *nf* omelette
on we, they, one
un **oncle** *nm* an uncle
ils/elles **ont** they have
onze eleven
une **opinion** *nf* an opinion
optimiste *adj* optimistic
un **orage** *nm* a storm
une **orange** *nf* an orange
un **ordinateur** *nm* a computer
un **ordre** *nm* an order
    dans le bon ordre in the right order
organiser *v* to organize
un **orphelin** *nm* an orphan
l' **orthographe** *nm* spelling
ou or
où where
Ouah! Wow!
l' **ouest** *nm* the west
oui yes
un **ouragan** *nm* a hurricane
ouvert/ouverte *adj* open
ouvrir *v* to open

P

la **page** *nf* page
le **pain** *nm* bread
une **paire** *nf* a pair
un **pamplemousse** *nm* a grapefruit
un **panier** *nm* a basket
la **panique** *nf* panic
paniquer *v* to panic
le **papier** *nm* paper
Pâques *nf pl* Easter
un **paquet** *nm* a packet
par by
un **paragraphe** *nm* paragraph
un **parc** *nm* a park
parce que because
pardon sorry
les **parents** *nm pl* parents
paresseux/paresseuse *adj* lazy
parfois sometimes
un **parfum** *nm* a perfume, flavour
parler *v* to talk
parmi among
une **part** *nf* a portion, slice
partager *v* to share
un/une **partenaire** *nm/nf* a partner
participer *v* to take part
partir *v* to leave
partout everywhere
pas not

passer *v* to spend time
un **passe-temps** *nm* a hobby
le **pâté** *nm* pâté
patient/patiente *adj* patient
le **patin à roulettes** *nm* rollerskate
le **patinage** *nm* ice skating
une **patinoire** *nf* an ice rink
pauvre *adj* poor
un **pays** *nm* a country
le **pays de Galles** *nm* Wales
la **pêche** *nf* fishing
une **peinture** *nf* a painting
pendant during
une **pendule** *nf* a clock
pénible *adj* awful
penser *v* to think
perdre *v* to lose
perdu/perdue *adj* lost
un **père** *nm* a father
un **perroquet** *nm* a parrot
une **perruche** *nf* a budgerigar
un **personnage** *nm* a character
la **personnalité** *nf* personality
une **personne-mystère** *nf* a mystery person
la **pétanque** *nf* type of bowls game
petit/petite *adj* small
le **petit déjeuner** *nm* breakfast
des **petits pois** *nm pl* peas
un **peu** *nm* a little
il/elle/on **peut** he/she/we can
ils/elles **peuvent** they can
je/tu **peux** I/you can
une **photo** *nf* a photograph
une **phrase** *nf* a sentence
la **physique** *nf* Physics
physiquement physically
une **pie** *nf* magpie
une **pièce** *nf* a room, a coin
un **pied** *nm* a foot
le **ping-pong** *nm* table tennis
un **pique-nique** *nm* a picnic
une **piscine** *nf* a swimming pool
la **pizza** *nf* pizza
une **plage** *nf* a beach
    plaît: s'il te/vous plaît please
un **plan** *nm* a map
la **planche à voile** *nf* windsurfing
plein/pleine *adj* full
    en plein air outside
il **pleut** it's raining
plier *v* to bend
pluriel/plurielle *adj* plural
plus more
plusieurs several
un **poème** *nm* a poem
un **poisson** *nm* a fish
les **Poissons** *nm* Pisces
poli/polie *adj* polite
la **police** *nf* police
poliment politely
une **pomme** *nf* an apple

le **porc** *nm* pork
un **port** *nm* a harbour, a port
une **porte** *nf* a door
porter *v* to wear
poser *v* to put
positif/positive *adj* positive
la **poste** *nf* the post office
la **poterie** *nf* pottery
une **poule** *nf* a chicken
un **poulet** *nm* a chicken
une **poupée** *nf* a doll
pour for
pourquoi why
pratique *adj* practical
préféré/préférée *adj* favourite
la **préférence** *nf* preference
préférer *v* to prefer
un **préfet** *nm* a prefect
premier/première *adj* first
prendre *v* to take
les **préparatifs** *nm pl* preparations
préparer *v* to prepare
près near
présenter *v* to present
presque nearly
le **printemps** *nm* spring
un **prix** *nm* a price
un **problème** *nm* a problem
prochain/prochaine *adj* next
proche close, near
un/une **prof** *nm/nf* a teacher
un **professeur** *nm* a teacher
un **projet** *nm* a project
une **promenade** *nf* a walk
prononcer *v* to pronounce
la **prononciation** *nf* pronunciation
propre *adj* clean
la **prudence** *nf* prudence, cautiousness
publicitaire advertising
une **publicité** *nf* an advertisement
puis then
la **purée** *nf* mashed potato

Q

la **qualité** *nf* quality
quand when
une **quantité** *nf* a quantity
quarante forty
un **quart** *nm* a quarter
un **quartier** *nm* an area
quatorze fourteen
quatre four
quatre-vingts eighty
quatre-vingt-deux eighty-two
quatre-vingt-dix ninety
que that, what, which
québécois/québécoise *adj* from Quebec
quel/quelle which
quelque chose something
quelquefois sometimes

quelques some, a few
quelqu'un somebody
qu'est-ce que what
une **question** *nf* a question
qui who
quinze fifteen
quoi what
quotidien/quotidienne *adj* daily

R

le **racisme** *nm* racism
raconter *v* to tell
la **radio** *nf* radio
la **radiocassette** *nf* radio cassette player
raide *adj* straight
raisonnable *adj* reasonable
le **Ramadan** *nm* Ramadan
ranger *v* to tidy, put away
râpé/râpée *adj* grated
un **rappel** *nm* a reminder
rapper *v* to rap
rassurer *v* to reassure
un **rat** *nm* a rat
la **réception** *nf* reception
rechercher *v* to look for
recopier *v* to copy out
le **record** *nm* record
reculer *v* to move back
la **rédaction** *nf* editorial team
réécouter *v* to listen again
un **refrain** *nm* a chorus
regarder *v* to look, watch
un **régime** *nm* a diet
une **région** *nf* an area, a region
une **règle** *nf* a ruler, a rule
régulier/régulière *adj* regular
une **reine** *nf* a queen
relaxer *v* to relax
relier *v* to join
la **religion** *nf* religion, RE
relis reread
remets put back
remplir *v* to fill in
un **renard** *nm* a fox
un **rendez-vous** *nm* a meeting, a date
les **renseignements** *nm pl* information
la **rentrée** *nf* back to school time (September)
rentrer *v* to return
un **repas** *nm* a meal
répéter *v* to repeat
répondre *v* to answer, to reply
une **réponse** *nf* an answer
un **reportage** *nm* a report
reposant/reposante *adj* restful
ressembler *v* to look like
un **restaurant** *nm* a restaurant
rester *v* to stay
un **résultat** *nm* a result

en **retard** late
retrouver *v* to meet
une **réunion** *nf* a meeting
un **rêve** *nm* a dream
rêveur/rêveuse *adj* dreamy
réviser *v* to revise
au **revoir** goodbye
revoir *v* to see again
le **rez-de-chaussée** *nm* ground floor
rien nothing
rigolo *adj* funny
le **riz** *nm* rice
un **roi** *nm* a king
rond/ronde *adj* round
rose *adj* pink
un **rôti** *nm* a roast
rouge *adj* red
une **route** *nf* road, route
roux/rousse *adj* red-haired
une **rue** *nf* a street
le **rugby** *nm* rugby

S

sa his, her
un **sac** *nm* a bag
un **sac à dos** *nm* a rucksack
le **Sagittaire** *nm* Sagittarius
la **Saint-Valentin** *nf* Valentine's Day
je/tu **sais** I/you know
une **saison** *nf* a season
il/elle/on **sait** he/she knows, we know
une **salade** *nf* a salad, a lettuce
une **salle** *nf* a room
un **salon** *nm* a living room
saluer *v* to greet
salut hello
samedi Saturday
un **sandwich** *nm* a sandwich
un **sandwich au fromage** *nm* a cheese sandwich
un **sandwich au jambon** *nm* a ham sandwich
sans without
s'appeler *v* to be called
sauter *v* to fry
scolaire *adj* school
le **Scorpion** *nm* Scorpio
une **séance** *nf* a performance, a meeting
secouer *v* to shake
le **secours** *nm* help, aid
Au **secours!** Help!
sec/sèche *adj* dry
seize sixteen
un **séjour** *nm* a living room
une **semaine** *nf* a week
le **Sénégal** *nm* Senegal
sept seven
septembre September
une **série** *nf* a series
sérieux/sérieuse *adj* serious

un **serpent** *nm* a snake
ses his, her
seulement only
si if
un **siècle** *nm* a century
un **signe du zodiaque** *nm* a sign of the Zodiac
un **signe particulier** *nm* feature
silencieux/silencieuse *adj* silent
singulier/singulière *adj* singular
sixième *adj* sixth
le **skate** *nm* skateboarding, skateboard
le **ski** *nm* ski-ing
une **sœur** *nf* a sister
la **soif** *nf* thirst
j'ai soif I'm thirsty
un **soir** *nm* an evening
soixante sixty
soixante-dix seventy
le **soleil** *nm* sun
nous **sommes** we are
son his, her
un **sondage** *nm* a survey
ils/elles **sont** they are
une **sortie** *nf* an outing, an exit
sortir *v* to go out
souligné/soulignée *adj* underlined
une **soupe** *nf* a soup
une **souris** *nf* a mouse
sous under
le **sous-sol** *nm* basement
souvent often
les **spaghetti** *nm pl* spaghetti
spécial/spéciale *adj* special
la **spécialité** *nf* speciality
un **spectacle** *nm* a show
le **sport** *nm* sport
sportif/sportive *adj* sporty
un **stade** *nm* a stadium
une **star** *nf* a star/celebrity
studieux/studieuse *adj* studious
un **stylo** *nm* a pen
le **sucre** *nm* sugar
sucré/sucrée *adj* sweet
le **sud** *nm* the south
le **sud-est** *nm* the south-east
le **sud-ouest** *nm* the south-west
je **suis** I am
la **Suisse** *nf* Switzerland
suivant/suivante *adj* following
un **sujet** *nm* a subject
super great
un **supermarché** *nm* a supermarket
sur on
sûr/sûre *adj* sure, certain
surfer *v* to surf
surtout especially
sympa *adj* kind, nice
un **symptôme** *nm* a symptom

T

ta your
un **tableau** *nm* a board, a picture
une **tache de rousseur** *nf* freckle
la **taille** *nf* size
un **taille-crayon** *nm* a pencil sharpener
un **tambour** *nm* a drum
une **tante** *nf* an aunt
un **tapis** *nm* a rug
tard *adj* late
une **tarte** *nf* a tart, a pie
une **tartine** *nf* a slice of bread and butter
une **tasse** *nf* a cup
la **tata** *nf* auntie
tâter *v* to feel
la **technologie** *nf* technology, DT
le **téléphone** *nm* the telephone
un **télescope** *nm* a telescope
la **télé(vision)** *nf* TV, television
à la télévision on television
le **temps** *nm* the weather, time
le **tennis** *nm* tennis
les **tennis** *nm pl* trainers
tendre *adj* tender
terminer *v* to finish, to end
la **terreur** *nf* terror
terrifiant/terrifiante *adj* terrifying
tes your
le **test de mémoire** *nm* memory test
un **texte** *nm* a text
un **thé** *nm* a cup of tea
un **théâtre** *nm* a theatre
le **thon** *nm* tuna
un **ticket de loterie** *nm* a lottery ticket
timide *adj* shy
un **titre** *nm* a title
toi you
les **toilettes** *nf pl* the toilets
une **tomate** *nf* a tomato
tomber *v* to fall
ton your
toucher *v* to touch
toujours always
un **tour** *nm* a trip
une **tour** *nf* a tower
à **tour de rôle** in turn
un **touriste** *nm* tourist
touristique *adj* for tourists
tourner *v* to turn
tous all
tout/toute all
une **traduction** *nf* a translation
une **tranche** *nf* a slice
le **travail** *nm* work
travailler *v* to work
travailleur/travailleuse *adj* hard-working

traverser *v* to cross
treize thirteen
trembler *v* to tremble
trente thirty
très very
triste *adj* sad
trois three
le trois mai the third of May
troisième *adj* third
trop too
une **trousse** *nf* a pencil-case
trouver *v* to find
une **truie** *nf* a sow
tu you (to a friend or close relative)
typique *adj* typical

U

un/une a, an, one
une **unité** *nf* a unit
l' **univers** *nm* universe
utiliser *v* to use

V

il/elle/on **va** he/she goes, we go
les **vacances** *nf pl* holidays
je **vais** I go
la **vanille** *nf* vanilla
tu **vas** you go
une **vedette** *nf* a star
un **vélo** *nm* a bike
faire du vélo to go cycling
vendredi Friday
venir *v* to come
le **vent** *nm* wind
un **verbe** a verb
vérifier *v* to check
un **verre** *nm* a glass
vert/verte *adj* green
les **vêtements** *nm pl* clothes
un **veuf** *nm* a widower
il/elle/on **veut** he/she wants, we want
je **veux** I want
la **viande** *nf* meat
une **vidéo** *nf* a video
la **Vierge** *nf* Virgo
vieux/vieille *adj* old
un **village** *nm* a village
une **ville** *nf* a town
en ville in town, into town
le **vin** *nm* wine
vingt twenty
violent/violente *adj* violent
une **visite** *nf* a visit
visiter *v* to visit
vite quick
vivre *v* to live
le **vocabulaire** *nm* vocabulary
voici here is, are
voilà there is, are
la **voile** *nf* sailing
voir *v* to see

un/une **voisin/voisine** *nm/nf* a
neighbour

une **voiture** *nf* a car

une **voix** *nf* a voice

à haute voix aloud

vomir *v* to be sick

ils/elles **vont** they go

vos your

votre your

je/tu **voudrais** I/you would like

il/elle/on **voudrait** he/she/we would like

vous you (to an adult you don't
know well, or to more than
one person)

un **voyage** *nm* a journey

une **voyelle** *nf* a vowel

vrai/vraie *adj* true

vraiment really

le **week-end** *nm* the weekend

un **yaourt** *nm* a yoghurt

les **yeux** *nm* eyes

Glossaire anglais–français

adj	adjective
nm	masculine noun
nf	feminine noun
pl	plural noun
v	verb

A

a un/une
a little bit un peu
afternoon l'après-midi *nm*
afternoon tea le goûter *nm*
also aussi
always toujours
I **am** je suis
I **am (11).** J'ai (11) ans.
and et
animal(s) un animal (les animaux) *nm*
apple une pomme *nf*
April avril
Are there ...? Il y a ...?
you **are** tu es *(to a friend or relative)*, vous êtes *(to more than one person, someone you don't know)*
art le dessin *nm*
at à
at the weekends le week-end
athletics l'athlétisme *nm*
August août
aunt la tante *nf*
autumn l'automne *nm*

B

bag le sac *nm*
basement le sous-sol *nm*
bathroom la salle de bains *nf*
to **be** être *v*
beach la plage *nf*
because parce que
bed le lit *nm*
bedroom la chambre *nf*
behind derrière
between ... (and ...) entre ... (et ...)
big grand/grande *adj*
Biology la biologie *nf*
birthday l'anniversaire *nm*
biscuit un biscuit *nm*
a little **bit** un peu
black noir/noire *adj*
block of flats un immeuble *nm*
blond blond/blonde *adj*
blue bleu/bleue *adj*
book le livre *nm*
bookshelf l'étagère *nf*
boring pas marrant

bottle une bouteille *nf*
brave courageux/courageuse *adj*
brother un frère *nm*
brown brun/brune *(hair) adj*, marron *(eyes) adj*
budgie une perruche *nf*
but mais
butter le beurre *nm*

C

café le café *nm*
cake le gâteau *nm*
calculator la calculatrice *nf*
I am **called** je m'appelle
you are **called** tu t'appelles
camper van un camping car *nm*
Canada le Canada *nm*
carrots les carottes *nf pl*
cat un chat *nm*
cellar la cave *nf*
centre le centre *nm*
chair la chaise *nf*
cheese le fromage *nm*
Chemistry la chimie *nf*
chest of drawers la commode *nf*
chicken le poulet *nm*
church l'église *nf*
cinema le cinéma *nm*
It is **cloudy.** Il fait gris.
coffee le café *nm*
coke le coca
It is **cold.** Il fait froid.
colour la couleur *nf*
computer l'ordinateur *nm*
country le pays *nm*
cousin (boy) le cousin *nm*
cousin (girl) la cousine *nf*
crisps les chips *nf pl*
cucumber le concombre *nm*
curly frisé/frisée *adj*
cushion le coussin *nm*
cycling le vélo *nm*
to go **cycling** faire *v* du vélo

D

dancing la danse *nf*
December décembre
desk le bureau *nm*
dictionary le dictionnaire *nm*
difficult difficile *adj*
dining room la salle à manger *nf*
dinner le dîner *nm*

to **do** faire *v*
Do you have ...? Tu as ...? *(to a friend or relative)*, Vous avez ...? *(to more than one person, someone you don't know well)*
dog le chien *nm*
Drama l'art dramatique *nm*
to **drink** boire *v*

E

east l'est *nm*
to **eat** manger *v*
eggs les œufs *nm pl*
eight huit
eighteen dix-huit
eighty quatre-vingts
eleven onze
England l'Angleterre *nf*
English anglais/anglaise *adj*
(in the) **evening** le soir *nm*
exercise book le cahier *nm*
eyes les yeux *nm pl*

F

false faux/fausse *adj*
farm une ferme *nf*
father le père *nm*
favourite préféré/préférée
February février
felt-tip pens les feutres *nm pl*
fifteen quinze
fifty cinquante
file un classeur *nm*
to **finish** finir *v*
first le premier *nm*/la première *nf*
on the **first floor** au premier étage
fish le poisson *nm*
fishing la pêche *nf*
five cinq
flat un appartement *nm*
It is **foggy.** Il y a du brouillard.
football le foot(ball) *nm*
for pour
forty quarante
four quatre
fourteen quatorze
France la France *nf*
It is **freezing.** Il gèle.
French français/française *adj*
(on) **Friday** vendredi

friend (male) un ami/un copain *nm*

friend (female) une amie/une copine *nf*

friends les amis; les copains *nm pl*

In **front of** devant

fun amusant/amusante *adj*

funny marrant/ *adj*

games console une console *nf*

garden le jardin *nm*

generally généralement; en général

generous généreux/généreuse *adj*

Geography la géographie *nf*

German l'allemand *nm*

ginger(-haired) roux/rousse *adj*

glass un verre *nm*

glue stick un bâton de colle *nm*

to **go** aller *v*

goldfish un poisson rouge *nm*

golf le golf *nm*

goodbye au revoir; salut

gram un gramme *nm*

grandfather le grand-père *nm*

grandmother la grand-mère *nf*

grandparents les grands-parents *nm pl*

Great! Super! Génial!

green vert/verte *adj*

grey gris/grise *adj*

on the **ground floor** au rez-de-chaussée

guinea pig le cochon d'Inde *nm*

hair les cheveux *nm pl*

half demi/demie *adj*

half-brother le demi-frère *nm*

half-sister la demi-sœur *nf*

ham le jambon *nm*

hamburger un hamburger *nm*

hamster un hamster *nm*

Happy birthday! Bon anniversaire!

harbour le port *nm*

hard difficile *adj*

hard-working travailleur/travailleuse *adj*

he/she **has** il/elle a

to **hate** détester *v*

to **have** avoir *v*

I **have** j'ai …

I don't **have** je n'ai pas …

they **have** ils/elles ont

we **have (informal)** on a

we **have (formal)** nous avons

you **have (informal)** tu as

you **have (formal)** vous avez

Have you got any pets (at home)? Tu as un animal (chez toi)?

he il

he is … il est …

Hello Bonjour

her son/sa/ses

here is/here are … voici …

Here it is! Voilà!

Hi! Salut!

his son/sa/ses

history l'histoire *nf*

hobbies les passe-temps *nm pl*

to do **homework** faire *v* les devoirs

horse(s) le cheval (les chevaux) *nm*

to go **horse riding** faire *v* de l'équitation

hot chaud/chaude

It is **hot.** Il fait chaud.

hot chocolate le chocolat chaud *nm*

hour une heure *nf*

house la maison *nf*

How are you? Ça va?

How much? Combien?

How old are you? Tu as quel âge? *(to a friend or relative)*, Vous avez quel âge? *(to more than one person, someone you don't know well)*

I je, j'

I am … je suis …

I am (11). J'ai (11) ans.

I don't have … je n'ai pas de …

I don't like je n'aime pas

I hate je déteste

I have … j'ai …

I like j'aime

I live in (town) j'habite à …

I love j'adore

I'd like je voudrais

I'm fine. Ça va.

I'm sorry. Je suis désolé/désolée.

ice hockey le hockey sur glace *nm*

ice skating le patinage *nm*

ice-cream la glace *nf*

ICT l'informatique *nf*

in (France) en (France)

in (my bag) dans (mon sac)

in front of devant

in the country à la campagne

in the suburbs en banlieue

in town en ville

intelligent intelligent/ intelligente *adj*

interesting intéressant/ intéressante *adj*

Internet l'Internet *nm*

Ireland l'Irlande *nf*

Is there …? Il y a …?

it ça

It's … C'est …

It's a … C'est un/une …

It's (two) o'clock. Il est (deux) heures.

It's five past (two). Il est (deux) heures cinq.

It's five to (two). Il est (deux) heures moins cinq.

It's OK. Bof. Ça va.

It's spelt … Ça s'écrit …

It's ten past (two). Il est (deux) heures dix.

It's ten to (two). Il est (deux) heures moins dix.

It's twenty past (two). Il est (deux) heures vingt.

It's twenty to (two). Il est (deux) heures moins vingt.

jam la confiture *nf*

January janvier

July juillet

June juin

kilo un kilo *nm*

kitchen la cuisine *nf*

lamp une lampe *nf*

last weekend le week-end dernier

lazy paresseux/ paresseuse *adj*

lemon tart une tarte au citron *nf*

lemonade la limonade *nf*

lesson un cours *nm*

library la bibliothèque *nf*

I **like** … J'aime …

I don't **like** … Je n'aime pas …

to **listen to music** écouter *v* de la musique

to **live** habiter

living room le salon *nm*

long long/longue *adj*

to **look at** regarder *v*

lots of beaucoup de

I **love** … J'adore …

lunch le déjeuner *nm*

Madam Madame

to **make** faire *v*

March mars

maths les maths *nm pl*

May mai

Me too. Moi aussi.

to meet friends retrouver *v* des amis
midday midi
milk le lait *nm*
milk shake un milk-shake *nm*
mineral water l'eau minérale *nf*
Miss Mademoiselle
(on) Monday lundi
morning le matin *nm*
mother la mère *nf*
mouse la souris *nf*
Mr Monsieur
Mrs Madame
museum le musée *nm*
music la musique *nf*
my mon/ma/mes
My birthday's on … Mon anniversaire, c'est le …
at my house chez moi
My name is … Je m'appelle …

N

name le nom *nm*
nice sympa *adj*
nine neuf
nineteen dix-neuf
ninety quatre-vingt-dix
no non
no, thank you non, merci
north le nord *nm*
November novembre

O

October octobre
of de
OK d'accord
on sur
one un/une
one hundred cent
only child (female) fille unique *nf*
only child (male) fils unique *nm*
opinion l'opinion *nf*
or ou
orange (fruit) une orange *nf*
orange (colour) orange *adj*
orange juice un jus d'orange *nm*

P

packet un paquet *nm*
pancake une crêpe *nf*
pancake house une crêperie *nf*
parents les parents *nm pl*
park le parc *nm*
pâté le pâté *nm*
patient patient/patiente *adj*
PE l'EPS *nm*; le sport *nm*
peas les petits pois *nm pl*
pen un stylo *nm*
pencil un crayon *nm*
pencil case une trousse *nf*

pencil sharpener un taille-crayon *nf*
Physics la physique *nf*
pink rose *adj*
pizza la pizza *nf*
to play sport faire *v* du sport
playground une aire de jeux *nf*
please s'il te plaît *(to a friend or relative)*, s'il vous plaît *(to more than one person, someone you don't know well)*

Q

It's quarter past (two). Il est (deux) heures et quart.
It's quarter to (three). Il est (trois) heures moins le quart.
quiet calme *adj*
quite assez

R

rabbit un lapin *nm*
railway station la gare SNCF *nf*
It's raining. Il pleut.
RE la religion *nf*
reading la lecture *nf*
really vraiment
red rouge *adj*
to go rock climbing faire de l'escalade
rubber une gomme *nf*
rug le tapis *nm*
rugby le rugby *nm*
ruler une règle *nf*

S

to go sailing faire *v* de la voile
sandwich un sandwich *nm*
(on) Saturday samedi
high school le collège *nm*
science les sciences *nf pl*
scissors les ciseaux *nm pl*
Scotland l'Écosse *nf*
on the second floor au deuxième étage
the second (of May) le deux (mai)
See you soon. À bientôt.
sensible sérieux/sérieuse *adj*
September septembre
seven sept
seventeen dix-sept
seventy soixante-dix
she elle
she is … elle est …
shelf une étagère *nf*
short (hair) (les cheveux) courts *adj*
shy timide *adj*
Sir Monsieur
sister une sœur *nf*
sitting room le salon *nm*
six six
sixteen seize
sixty soixante

to go skateboarding faire *v* du skate
slice une tranche *nf*
slim mince *adj*
small petit/petite *adj*
snake un serpent *nm*
It's snowing. Il neige.
some des
sometimes quelquefois
soup la soupe *nf*
south le sud *nm*
Spanish l'espagnol *nm*
It's spelt … Ça s'écrit …
to do sport faire *v* du sport
sports centre le centre sportif *nm*
sporty sportif/sportive *adj*
spring le printemps *nm*
to start commencer *v*
(railway) station la gare *nf*
step-brother le demi-frère *nm*
step-father le beau-père *nm*
step-mother la belle-mère *nf*
step-sister la demi-sœur *nf*
It's stormy. Il y a de l'orage.
straight (hair) (les cheveux) raides *adj*
suburbs la banlieue *nf*
sugar le sucre *nm*
summer l'été *nm*
sun le soleil *nm*
(on) Sunday dimanche
It's sunny. Il y a du soleil.
super super
supermarket le supermarché *nm*
to go surfing faire *v* du surf
to go swimming faire *v* de la natation *nf*
swimming pool la piscine *nf*

T

table tennis le ping-pong *nm*
to take prendre *v*
tall grand/grande *adj*
tea (with milk) le thé (au lait) *nm*
teacher le professeur *nm*
Technology la technologie *nf*
ten dix
tennis le tennis *nm*
It's terrible. C'est nul.
thank you merci
the le/la/les
there are … il y a …
there aren't any … il n'y a pas de …
there is … il y a …
there isn't any … il n'y a pas de …
they ils/elles
on the third floor au troisième étage
on the third (of May) le trois (mai)
thirteen treize

thirty trente
three trois
(on) **Thursday** jeudi
tin une boîte *nf*
tiring fatigant/fatigante *adj*
to à
today aujourd'hui
toilet les toilettes *nf pl*
tomato une tomate *nf*
tortoise une tortue *nf*
tourist office l'office de tourisme *nm*
town la ville *nf*
town centre le centre-ville *nm*
true vrai/vraie *adj*
(on) **Tuesday** mardi
tuna le thon *nm*
TV la télé(vision) *nf*
twelve douze
twenty vingt
twenty-one vingt et un
two deux

 U

uncle un oncle *nm*
under sous

 V

very très
village un village *nm*
volleyball le volley-ball *nm*

 W

Wales le pays de Galles *nm*
wardrobe une armoire *nf*
to **watch (TV)** regarder *v* (la télé)
water l'eau *nf*
water ski-ing le ski nautique *nm*
we on *(informal)*, nous *(formal)*
weather le temps *nm*
(on) **Wednesday** mercredi
week la semaine *nf*
well bien
well-built gros/grosse *adj*
west l'ouest *nm*
What ...? Qu'est-ce que ...?
What about you? Et toi?
What is ... like? Comment est ...?
What is there in ...? Qu'est-ce qu'il y a à ...?
What's your name? Tu t'appelles comment?
When? Quand?
Where? Où?
Where are ...? Où sont ...?
Where do you live? Tu habites où?
Where is ...? Où est ...?
Which ...? Quel ...?/Quelle ...?
white blanc/blanche *adj*

Who? Qui?
Why? Pourquoi?
to go **windsurfing** faire *v* de la planche à voile
It's **windy** Il y a du vent.
winter l'hiver *nm*
I **would like ...** Je voudrais ...

 Y

yellow jaune *adj*
yes oui
yesterday hier
you tu *(to a friend or relative)*, vous *(to more than one person, someone you don't know well)*
you are ... tu es ...; vous êtes ...
your ton/ta/tes
at **your house** chez toi
youth club le club des jeunes *nm*